W0075042

Mainz-Kastel
(zu Wiesbaden)

Steinern Straße

Uthmannstraße

Waldhofstraße

Hochheimer Straße

Hochheimer Straße

40

WIESBADEN

Hauptstraße

Kostheimer Landstraße

A.-Lutz-Brücke

Mainz-Kostheim
(zu Wiesbaden)

Am Mainzer Weg

Luisenstraße

43

Bürgerhaus

Hauptstraße

Hauptstraße

Hauptstraße

43

Maaraue

Darmstädter Landstraße

Main

Freibad
Maaraue

Auf der Mainspitze

GINSHEIM-
GUSTAVSBURG

Hessen

Rheinland-Pfalz

Main-
spitze

Südbrücke

tadtpark

Kapitel 3

Bleiau

Wormser Straße

öttelmannstraße

Volkspark

itel 6

Weisenau

0   400 m

© **KARTOGRAPHIE** *Peh & Schefcik*

Stefanie Jung

Mainz

zu Fuß

Die schönsten Sehenswürdigkeiten
zu Fuß entdecken

SOCIETÄTS
VERLAG

Die Angaben und Informationen in diesem Buch sind aktuell recherchiert und vor Drucklegung sorgfältig überprüft worden. Trotzdem ist darauf hinzuweisen, dass sich Telefonnummern, Öffnungszeiten und andere Angaben im Lauf der Zeit ändern können. Weder die Autorin noch der Verlag übernehmen trotz größtmöglicher Sorgfalt Verantwortung und Haftung für eventuelle Fehler.

S. 2: Blick auf die Augustinerkirche

7. aktualisierte Neuauflage
Alle Rechte vorbehalten · Societäts-Verlag
© 2008 Frankfurter Societäts-Medien GmbH
Satz: Julia Desch, Societäts-Verlag
Umschlaggestaltung: Julia Desch, Societäts-Verlag
Umschlagabbildung: © pigprox – Fotolia.com
Karten: Peh & Schefcik
Druck und Verarbeitung: CPI books GmbH, Leck
Printed in Germany 2017

ISBN 978-3-95542-266-0

Inhalt

Vorwort

Mainz ist mit seiner über 2.000-jährigen Geschichte eine junge Stadt geblieben. Ihre vielen Facetten lassen sich am besten zu Fuß erkunden: Entdecken Sie die schönsten Ecken von Mainz auf zehn thematisch gestalteten und für diese Neuauflage in Gänze überarbeiteten Rundgängen!

Wandeln Sie auf den Spuren des römischen „Mogontiacum". Tauchen Sie ein in das jüdische „Magenza". Ergründen Sie die Wurzeln des Urvaters aller Medien, Johannes Gutenberg. Folgen Sie den spannenden Spuren des bedeutendsten Stadtbaumeisters von Mainz, Eduard Kreyßig. Entdecken Sie die grünen Ecken der Stadt. Oder lassen Sie sich einfach auf dem Weg durch die verwinkelten Gassen der Mainzer Altstadt mit ihren Weinstuben überraschen. Deren Besuch ist übrigens unbedingt empfehlenswert! Denn bei einem Glas Wein kommt man in der Stadt am Rhein schnell miteinander ins Gespräch.

Wie ein roter Faden zieht sich die Geschichte des Weinanbaus durch Mainz. Seitdem die Römer erste Reben zur Versorgung ihrer Truppen setzten, hat der Wein hier Tradition. So gilt die Stadt gemeinsam mit Rheinhessen als die größte zusammenhängende Weinbauregion in Deutschland und vertritt das Land ganz exklusiv im Great Wine Capital Global Network. Sogar ein Weinberg hat inmitten der Stadt wieder Raum gefunden.

Beim größten Volksfest in der Narrenhochburg – der weithin bekannten „Meenzer Fassenacht" – ist man ebenso mittendrin im „goldenen Mainz" wie bei den hier typischen Weinfesten. Die Landeshauptstadt zählt übrigens zu den ältesten Universitätsstädten Deutschlands. Und gilt als die Medienstadt der Republik.

Mainz am Rhein hat also viele Gesichter – und lässt sich damit aus ganz unterschiedlichen Perspektiven erkunden. Abgerundet mit einem zu jeder Route nützlichen Serviceteil rund um Öffnungszeiten, Adressen, Einkehrmöglichkeiten und öffentlichen Verkehrsmitteln ist das Buch auf Schritt und Tritt der ideale Begleiter für Ihre ganz persönliche Tour durch Mainz.

Die Autorin und der Verlag

Zur
Wilden Gans
erbaut um 1450
Renov. 1708 + 1979

Romantische Altstadt

Wo Wein, Gemütlichkeit und Tradition ein Zuhause haben

Die sprichwörtliche Mainzer Gemütlichkeit lässt sich in der historischen Altstadt erleben. Das Viertel im Schatten des Doms ist geprägt von einer malerischen Atmosphäre, in der das Leben pulsiert.

Romantische Altstadt

Wo Wein, Gemütlichkeit und Tradition ein Zuhause haben

Neben romantischen Fachwerkhäusern und prächtigen Kirchen gibt es in dem Viertel rund um den Mainzer Dom typische Weinstuben und originelle Geschäfte zu entdecken. Diese kleine Rundtour startet und endet auf dem **Markt**.

Länge: ca. 4 Kilometer
Bus 28, 54–57, 60–65, 68, 70, 71, 90, 91, 99;
Haltestelle Höfchen

Immer dienstags, freitags und samstags werden in aller Frühe im Schatten des Doms die Marktstände aufgebaut. Bis etwa 14 Uhr

Buntes Marktleben auf dem Liebfrauenplatz

sind rund um die **Heunensäule**, aber auch auf dem Höfchen und dem Liebfrauenplatz jegliche Art von Obst und Gemüse, Fleisch, Fisch und Wurst sowie Blumen und verschiedene selbstgemachte Marmeladen, Säfte, Wein und Honigsorten im Angebot – ein höchst lebendiges Erlebnis für alle Sinne.

Vom Markt hat man einen großartigen Blick auf den **Dom**. Als Bischofskirche stellt er sowohl den Mittelpunkt des Bistums Mainz als auch der Landeshauptstadt dar. Der von Erzbischof Willigis (um 940–1011) erbaute „Heilige Stuhl von Mainz" ist das weit über alle Dächer herausragende Erkennungszeichen der einst als „goldene Stadt am Rhein" bekannten Stadt. Unser Stadtrundgang durch die Mainzer Altstadt beginnt mit einem Besuch der unter dem Patronat des heiligen Martin stehenden Kathedrale.

Zwischen den barock ausgebauten Domhäusern hindurch führt der Weg vom Markt durch das Marktportal in die ab 975 n. Chr. auf romanischem Fundament erbaute Kirche. Erzbischof Willigis galt nicht nur als Stellvertreter des Papstes nördlich der Alpen. Er hatte als Erzkanzler zudem eine besonders hohe weltliche Position als Vertreter des Kaisers inne. Alt-St. Peter in Rom war das architektonische Vorbild für die doppelchörige Pfeilerbasilika, die mit zahlreichen Kapellenanbauten sowie drei Schiffen ausgestattet ist.

Der Mainzer Dom

Der Ostchor ist dem Schutzheiligen St. Stephan, der Westchor St. Martin geweiht, der auch dem gesamten Dom seinen Namen gegeben hat. Der neben dem Speyerer Dom früheste monumentale Gewölbebau in Deutschland sollte mit seiner ursprünglichen Größe nicht nur genügend Raum für kirchliche Versammlungen, sondern auch für die Krönung von Königen und Kaisern bieten. Die älteste der romanischen Kirchen am Rhein bildete einst gemeinsam mit der im Osten vorangestellten und während der Belagerung im Jahr 1793 durch den Bombenhagel zerstörten Liebfrauenkirche sowie der ältesten Kirche von Mainz, St. Johannis im Westen, eine repräsentative Einheit.

DOM ST. MARTIN · Am Markt 10 · 55116 Mainz
Tel.: 06131-253412 · www.bistummainz.de
Öffnungszeiten: März bis Okt. Mo. – Fr. 9 – 18.30 Uhr, Sa. 9 – 16 Uhr, So. 12.45 – 15 Uhr und 16 – 18.30 Uhr; Nov. bis Feb. Mo. – Fr. 9 – 17 Uhr, Sa. 9 – 15 Uhr, So. 12.45 – 15 Uhr und 16 – 17 Uhr

Sieben Königskrönungen sollen im Verlauf der Jahrhunderte im Dom stattgefunden haben. Erlebt hat Erzbischof Willigis allerdings nicht eine einzige. Bestattet wurde er in St. Stephan. Dieses Grab ist in der über der Altstadt thronenden Kirche heute jedoch nicht mehr auffindbar. Man vermutet, dass es 1857 im Zuge der Explosion des Pulverturms zerstört wurde.

Mehrmals hat das Feuer dem Mainzer Dom zugesetzt. Bereits am Tag der Weihe des Neubaus im Jahr 1009 zerstörte ein Brand das Bauwerk. Immer wieder wurde die auf Eichholzpfahlgrundierungen gebaute Pfeilerbasilika im Verlauf der Jahrhunderte von den Mainzern neu aufgebaut. Trotz der Zerstörungen in Kriegs- wie Friedenszeiten blieben die Fundamente des Doms erhalten. So geht das Fundament zwar auf den Baustil der Romanik zurück, aber auch Gotik und Barock haben in den Übergangsphasen ihre Spuren hinterlassen.

Eine weitere Besonderheit des Mainzer Doms ist die Ausrichtung des im Westchor platzierten Hauptaltars mit dem darüber hängenden Bronzekreuz. So, wie Erzbischof Willigis viele Elemente vom römischen Vorbild Alt-St. Peter übernahm, wollte er wie der Papst während der Heiligen Wandlung gen Osten blicken.

Der Mainzer Dom ist eine der größten Grabstätten in Kirchengebäuden in Deutschland. Viele Grabdenkmäler befinden sich an den Pfeilern und Wänden der Kirche sowie im gotischen Kreuzgang aus dem 15. Jahrhundert. Hier wird unter anderem die Erinnerung an den 1318 in Mainz gestorbenen Minnesänger Heinrich von Meißen, genannt Frauenlob, mit zwei Denkmälern bewahrt. Der Sage nach sollen ihn die Mainzer Frauen hier zu Grabe getragen haben.

Bischöfe werden seit 1928 in der Bischofskrypta unter dem Westchor bestattet. Darstellungen kirchlicher Würdenträger sind sehr gut erhalten und eröffnen dem Betrachter einen Querschnitt durch die Geschichte des Bistums Mainz.

Über den Kreuzgang oder die Domstraße gelangt man in das Dom- und Diözesanmuseum. In den Räumlichkeiten sind bedeutsame Kunstschätze wie die Sammlung von Skulpturen, Goldschmiedekunst und Malerei verschiedener Epochen aus mehr als 1.000 Jahren Geschichte zu sehen.

BISCHÖFLICHES DOM- UND DIÖZESANMUSEUM
Domstraße 3 · 55116 Mainz
Tel.: 06131-253344 · www.dommuseum-mainz.de
Öffnungszeiten: Di. – Fr. 10 – 17 Uhr, Sa., So. 11 – 18 Uhr
Eintritt: 3 €, ermäßigt 1,50 €, Kinder bis 8 Jahre frei, Familien 6/3 €

Im Schatten des Doms auf dem Leichhof

Durch das Marktportal geht es wieder hinaus auf den Markt. An der Dominformation halten wir uns links und spazieren Richtung Höfchen, dann links in die Schöfferstraße und weiter zum Leichhof. Von hier bietet sich noch einmal ein besonderer Blick auf den Westchor und die Westtürme des Doms, mit dem hoch oben platzierten St. Martin zu Pferd.

Am Leichhof, einem zu Beginn des 13. Jahrhunderts aufgelassenen Domfriedhof, beginnt die Fußgängerzone. Umgeben von Cafés und Geschäften lädt das Tor zur Mainzer Altstadt zum Genießen ein. In der Mitte des Platzes plätschert ein von dem Nieder-Olmer Künstler Hans Müller-Olm gestalteter Bronzebrunnen. Schräg gegenüber befindet sich an der Ecke Schöffer-/Johannisstraße die als älteste Kirche von Mainz geltende **Johanniskirche**.

Als 2013 Bauarbeiten anstanden, konnte ein genauer Blick in die Tiefen des „Alten Doms", wie St. Johannis einst von den Mainzern genannt wurde, ermöglicht werden und man stieß dabei auf eine archäologische Sensation: Den Funden zufolge, soll die zur Zeit Kaiser Karls des Großen erbaute und 910 geweihte Kirche die erste nach der Völkerwanderung errichtete Kathedrale nördlich der Alpen sein. Seit 1828 evangelische Stadtkirche, gilt sie zudem nach dem Trierer Dom als zweitälteste Kirche Deutschlands.

ST. JOHANNIS
Bischofsplatz 10 · 55116 Mainz
Tel.: 06131-234227
www.johannis-mainz.de

Die Kirche St. Johannis

Historisches Fachwerkhaus

Durch die Augustinerstraße geht es an schmucken Fachwerkhäusern vorbei. Nach wenigen Schritten ist rechts ein stattliches Fachwerkgiebelhaus zu sehen. In dem historischen Gebäude ist das Weinhaus Zum Spiegel zuhause. In unmittelbarer Nachbarschaft fällt zudem ein Ende des 18. Jahrhunderts erbautes Barockhaus (Haus Nr. 73) mit hübschem Stuck-Dekor sowie schiefem Mansardendach auf.

WEINHAUS ZUM SPIEGEL
Leichhofstraße 1 · 55116 Mainz
Tel.: 06131-228215
Öffnungszeiten: Di. – Fr.
16 – 24 Uhr, Sa. 12 – 24 Uhr

Rechts geht es weiter zum **Kirschgarten**, einem von barocken Fachwerkhäusern umrahmten kleinen Platz. Der Name dieses wohl schönsten Platzes in der Altstadt lässt vermuten, dass sich hier vor langer Zeit tatsächlich Gärten befunden haben. Ein Beweis dafür könnte der versteinerte, an der Hauswand des früheren Backhauses Zum Beymberg (Haus Nr. 19) lehnende Baumstumpf sein. Die Bezeichnung des Platzes stammt jedoch von der am ehemaligen Rochushospital entsprungenen Kirschbornquelle.

Das Haus zum Aschaffenberg ist das älteste in Teilen erhaltene Mainzer Fachwerkhaus. Erfrischung verheißt der vom Mainzer Verschönerungsverein gestiftete und von einer Mariensäule gekrönte Brunnen aus rotem Sandstein.

Wir verlassen den Kirschgarten über das Hollagäßchen. Auf Höhe des hinter einer hohen Mauer befindlichen Gartens des Bischöflichen Ordinariats geht es links zwischen Läden durch eine kleine Passage in die Rochusstraße. An deren Ende halten wir uns wieder links. Hier zeigt sich die Altstadt von ihrer weniger überlaufenen Seite. Zwischen dem Altstadt-Café und dem Weinhaus Bluhm hindurch spazieren wir über die Schönbornstraße hinweg in die **Badergasse**, wo im Mittelalter die Zunft der Bader beheimatet war. Bader unterhielten oft Bäder, versorgten das Volk heilkundig und waren z. B. auch als Friseure tätig. Interessant ist hier der Abstecher in den großen, der Öffentlichkeit zugänglichen Innenhof mit übergroßen Fragmenten von Badezubern, als Teil des Wasser-, Stein- und Sandspielplatzes.

Wir spazieren weiter und erneut auf die belebte Augustinerstraße zu, wo auf Anhieb die im Krieg unversehrt gebliebene **Augustinerkirche** mit dem prachtvollen Rokoko-Portal der Klosterpforte des früheren Ere-

Idyllische Rochusstraße

In der Badergasse

In der Augustinerkirche

mitenklosters in den Blick gerät. Wegen dem seit 1805 angeschlossenen Priesterseminar ist die Kirche in Mainz auch als „Seminarkirche" bekannt. Die schmale Front wird von drei Bildwerken des Mainzers Nikolaus Binterim (1753) geziert. Das Betreten des gläsernen Eingangsbereichs sorgt bei Besuchern für eine Überraschung: Hinter der eng von Häusern und Geschäften umrahmten Fassade präsentiert sich ein beeindruckender Blick in das prächtige, barock ausgeschmückte Kircheninnere.

AUGUSTINERKIRCHE · Bischöfliches Priesterseminar
Augustinerstraße 34 · 55116 Mainz · Tel.: 06131-2660
www.priesterseminar-mainz.de · Öffnungszeiten: Mo. – Sa. 9 – 17 Uhr

Der Weg führt vom Dom weg und weiter durch die belebte Fußgängerzone. Noch heute sind an verschiedenen Häusern in luftiger Höhe die Griffe für die Oberstromleitungen der einst hier verlaufenden elektrischen Straßenbahn zu sehen. Bis 1975 fuhren auch Autos und verlief sogar der Mainzer Rosenmontagszug durch diese engen

Straßen. Kurz vor dem Ende der Fußgängerzone bietet sich ein kleiner Abstecher in die hier links abbiegende Weintorstraße zu dem sich wenige Schritte von unserer Hauptroute entfernten Wohnturm an. Im romanischen Stil Ende des 12. Jahrhunderts erbaut, gilt das Haus zum Stein in seinem Kern als das älteste Mainzer Wohnhaus und zählt zu den wenigen erhaltenen mittelalterlichen Wohntürmen in Deutschland überhaupt.

Zurück in der Augustinerstraße geht es links über die Holzstraße und den Graben hinweg in die Kapuzinerstraße. Sie hat ihren Namen von dem 1618 erbauten und 1802 aufgehobenen Kapuzinerkloster. Dort, etwas abseits von der allgemeinen Betriebsamkeit, befindet sich die mit roter Sandsteinfassade und Skulpturen geschmückte Kirche St. Ignaz.

In der vom Graben abbiegenden Jakobsbergstraße ist der Besuch des Weinhauses Michel und der Weinstube Lösch empfehlenswert.

Der mittelalterliche Wohnturm

Die Fassade von St. Ignaz

ST. IGNAZ · Kapuzinerstraße 36 · 55116 Mainz
Tel.: 06131-224264 · www.st-ignaz.de
Öffnungszeiten: tägl. von 9.30 – 19 Uhr

WEINHAUS MICHEL · Jakobsbergstraße 8 · 55116 Mainz
Tel.: 06131-233283 · www.michel-wein.de
Öffnungszeiten: tägl. ab 16 Uhr

WEINSTUBE LÖSCH · Jakobsbergstraße 9 · 55116 Mainz
Tel.: 06131-220383 · www.weinstube-loesch.de
Öffnungszeiten: Di. – Fr. 15 – 24 Uhr, Sa. 14 – 24 Uhr, So. 14 – 23 Uhr

Wir spazieren rechts und durch die Holzstraße auf den markanten **Holzturm** zu. Dieser leitet seinen Namen durch den sich hier früher befindlichen Holzmarkt ab und war Teil der Stadtmauer. Über die Grenzen von Mainz hinaus bekannt wurde der Turm als Gefängnis des legendären Schinderhannes. Der Räuberhauptmann trieb vor allem im Hunsrück sein Unwesen und war hier bis zur Vollstreckung seines Todesurteils 1803 inhaftiert. Seine Verbrechen sind u. a. in den Moritaten von Carl Zuckmayer verewigt.

Besonders gut lässt sich am Beispiel des Holzturmes erkennen, auf welchem Höhenniveau sich dieser Stadtteil vor der Rheinuferaufschüttung Ende des 18. Jahrhunderts befand. Durch das heute eingezäunte Tor des Turms konnte man früher ebenerdig hindurchgehen oder -fahren. Die Aufschüttung des Rheinufers zur Gewinnung von Wohn- und Verkehrsraum erhöhte das umliegende Straßenniveau um ca. zwei Meter.

Vor dem Holzturm halten wir uns links. Durch die Schlos-

Der Holzturm war auch Gefängnis

sergasse geht es an der Einmündung zur Kappelhofgasse vorbei. Links spazieren wir in die Weintorstraße und an der ehemaligen Klosterkirche der Kapuziner, der Mutterhauskirche der Marienschwestern, vorbei rechts zum Mauritzenplatz. An der rückwärtigen Seite des Erbacher Hofs entlang geht es anschließend durch eine kleine Unterführung in die Grebenstraße.

Die Kirche der Marienschwestern

WEINSTUBE HOTTUM
Grebenstraße 3 · 55116 Mainz
Tel.: 06131-223370
www.weinstube-hottum.de
Öffnungszeiten: tägl. ab 16 Uhr

Um zum Ausgangspunkt dieser kleinen Rundwanderung zu gelangen, geht es nun wenige Meter durch die Liebfrauenstraße und auf den Liebfrauenplatz. An der Nagelsäule und dem 1526 zum Gedenken an den Sieg über aufständische Bauern von Albrecht von Brandenburg errichteten Marktbrunnen vorbei geht es unmittelbar auf den Ausgangspunkt dieser Route, den Markt, zu.

Prachtvoller Marktbrunnen

Die Wurzeln des Buchdruckerfinders liegen in Mainz

Unterwegs auf den Spuren Gutenbergs

1998 wurde Johannes Gutenberg zum „Man of the Millenium" gekürt. Noch heute finden sich zahlreiche Orte, die an den größten Sohn der Stadt erinnern.

Die Wurzeln des Buchdruckerfinders liegen in Mainz

Unterwegs auf den Spuren Gutenbergs

Start und Ziel des Rundweges durch die Mainzer Innenstadt ist der **Gutenbergplatz**. Auf den Spuren des Erfinders geht es durch die Innenstadt und auch zum Gutenberg-Museum, für das man etwas Zeit einplanen sollte.

Länge: ca. 3 Kilometer
Bus 28, 54–57, 60–65, 68, 70, 71, 90, 91, 99;
Haltestelle Höfchen

Die Statue Gutenbergs

Prominent steht das 1837 enthüllte Bronzestandbild Gutenbergs gegenüber dem Mainzer Staatstheater und in der Nähe des quer über den Platz und die Ludwigstraße verlaufenden 50. Breitengrades.

Johannes Gutenberg ist in ehrgebietender Pose mit Bibel und Druckertypen dargestellt. Bereits ein halbes Jahrhundert bevor Kolumbus Amerika entdeckte, legte Gutenberg das Fundament moderner Medienkommunikation: Er erfand den Buchdruck mit beweglichen Lettern. Bis zu diesem Zeitpunkt waren Bücher mühsam mit der Hand geschrieben worden. Benötigte die Herstellung

eines Buches seit dem Altertum also Jahre, wurden nun dank der Erfindung Gutenbergs Wörter und Sätze mit aus Blei gegossenen Buchstaben zusammengesetzt. Mit Druckerschwärze eingefärbt und auf Papier gedruckt, wurde damit erstmals die Reproduzierbarkeit von Wissen für eine breite Bevölkerungsschicht möglich.

Der Sohn des Patriziers Friele Gensfleisch wurde um das Jahr 1400 in Mainz geboren. Aufgrund von Streitigkeiten zwischen den Zünften und den Patriziern in Mainz hielt sich Gutenberg von 1434 bis 1444 in Straßburg auf. Er starb 1468 in Mainz und gilt bis heute als der größte Sohn der Stadt. Im Jahr 1998 erhielt er postum von amerikanischen Journalisten in dem Buch „1.000 Years – 1.000 People"

Der Marienbrunnen am Kirschgarten

Das Haus zum Aschaffenberg am Kirschgarten

die Auszeichnung zum „Man of the Millenium", also zur wichtigsten Person des Zweiten Jahrtausends.

Über den Gutenbergplatz geht es Richtung Dom und rechts in die Schöfferstraße. Nach wenigen Metern gelangen wir auf den Leichhof. Zwischen dem Dom und der evangelischen Kirche St. Johannis hindurch geht es in die Augustinerstraße und zum **Kirschgarten**. Mit dem hübschen Marienbrunnen und von Fachwerkhäusern umgeben ist er einer der malerischsten Plätze der historischen Altstadt.

WEINHAUS ZUM SPIEGEL
Leichhofstraße 1 · 55116 Mainz · Tel.: 06131-228215
Öffnungszeiten: Di. – Fr. 16 – 24 Uhr, Sa. 12 – 24 Uhr

Das um 1450 erbaute Haus zum Aschaffenberg dominiert den Platz. Im Zusammenhang mit dem Vorläuferbau wird Johannes Gutenberg 1448 urkundlich erwähnt: Weil er für seine Erfindungen Geld brauchte, gab ein Bürge als Sicherheit die Mieteinnahmen für dieses Haus an. Zeit seines Lebens hatte Gutenberg Probleme, seine Schulden zu tilgen, weshalb sein Name in vielen Prozessakten zu finden ist.

Vom Kirschgarten aus geht es zurück und über die Augustinerstraße hinweg in die Grebenstraße. Auf den Spuren des Buchdruckers spazieren wir weiter durch die kleine Altstadtgasse und biegen links in die Domstraße, durch die wir zum **Liebfrauenplatz** gelangen.

WEINSTUBE HOTTUM · Grebenstraße 3 · 55116 Mainz
Tel.: 06131-223370 · www.weinstube-hottum.de
Öffnungszeiten: tägl. ab 16 Uhr

Dominiert wird der historische Platz durch das prachtvolle Entree des **Gutenberg-Museums**, das Haus zum Römischen Kaiser. In einem Teil des Gebäudes befindet sich die Verwaltung des Museums sowie die Dienstwohnung des Stadtschreibers von Mainz. In der Toreinfahrt beeindruckt die sehr gut erhaltene Stuckdecke aus der Entstehungszeit des Gebäudes.

Hier ist außerdem das älteste, vom Darmstädter Bildhauer Johann Baptist Scholl erschaffene Gutenberg-Denkmal der Stadt zu finden.

Als Meisterwerk der Druckkunst gilt die 42-zeilige Bibel, die zu den herausragenden Exponaten des Museums zählt und sich gut geschützt im Tre-

Das Haus zum Römischen Kaiser

Druckerpresse im Gutenberg-Museum   *Älteste Gutenbergfigur der Stadt*

sorraum befindet. Gutenberg hat sie in Zusammenarbeit mit seinem Gesellen Peter Schöffer zwischen 1452 und 1455 gedruckt. Stolze 500 Jahre ist das zweibändige Werk mit insgesamt 1.282 Seiten alt und zeigt keine Spuren des Zerfalls.

Die nachgebildete Druckerwerkstatt zieht Besucher ebenso in ihren Bann wie die zur Schau gestellten Druckwerke aus über fünf Jahrhunderten. Ein Besuch ist auch die museumspädagogische Werkstadt Druckladen im unmittelbar gegenüberliegenden Erweiterungsbau wert.

Das Weltmuseum der Druckkunst wurde anlässlich des 500-jährigen Gutenberg-Jubiläums im Jahr 1900 gegründet. 2000 wurde das Museum renoviert und erweitert. Zur Drucklegung dieses Stadt-

Büste vor dem Gutenberg-Museum   *Blick auf den Dom*

führers ist eine weitere Umgestaltung des Museums und in Verbindung damit auch des Liebfrauenplatzes in Planung.

Vor dem Museum ist die Büste des Meisters platziert. Davor fallen die von Steinmetzen der Umgebung gestalteten Sandsteinwürfel auf. Von links nach rechts ergibt sich der in die Steine gemeißelte Name „Gutenberg".

GUTENBERG-MUSEUM
Liebfrauenplatz 5 · 55116 Mainz
Tel.: 06131-122640 · www.gutenberg-museum.de
Öffnungszeiten: Di. – Sa. 9 – 17 Uhr, So. 11 – 17 Uhr
Eintritt: 5 €, ermäßigt 3 €, Kinder 8 bis 18 Jahre 2 €, Familien 10 €

DRUCKLADEN IM GUTENBERG-MUSEUM
Seilergasse 1 · 55116 Mainz · Tel.: 06131-122686
www.gutenberg-museum.de · Öffnungszeiten: Mo. – Fr. 9 – 17 Uhr,
Sa. 10 – 15 Uhr und nach Vereinbarung

Der Hof zum Humbrecht

Durch die Seilergasse und anschließend links in die Mailandsgasse geht es über den Rebstockplatz zur **Korbgasse**. In dem im 15. Jahrhundert erbauten, spätgotischen **Hof zum Korb**, an der Ecke zum Korbgäßchen, befindet sich ein Schmuckgeschäft.   Nachdem der heute in der Fußgängerzone des Brandzentrums schräg gegenüberliegende Hof zum Humbrecht mit dem restaurierten, spätgotischen Treppenturm in den Besitz der Druckerei Fust-Schöffer übergegangen war, wurde das Patrizierhaus 1476 an dieses angeschlossen. Hier wurden die bereits zu seiner Zeit in Straßburg begonnenen und jahrelang in Mainz verfeinerten Versuche Gutenbergs endlich erfolgreich: Der Überlieferung nach hatte der Erfinder hier seine zweite Druckwerkstatt und hier soll auch die erste Gutenbergbibel entstanden sein.

Die vielen Versuche hatten allerdings sein ganzes Vermögen aufgezehrt. Gutenberg konnte das von Fust geliehene Kapital nicht zurückzahlen. Dieser strengte deswegen einen Prozess gegen den Buchdrucker an, bei dem Gutenberg 1455 vermutlich alles, was er zum damaligen Zeitpunkt besaß, verlor. Der damalige Landesherr, Kur-

Gutenberg an der Presse

Gutenbergs Taufstein

Die Ruine St. Christoph

fürst Adolf von Nassau, nahm ihn unter seine Hofleute auf und stellte seine Versorgung sicher. So wurden ihm Steuern und Dienste erlassen.

Durch die Fußgängerzone geht es weiter in die Schusterstraße. Links, in der Alten Universitätsstraße, liegt die ursprünglich als

St. Christoph gilt als die Taufkirche Gutenbergs

Haus des Jesuitenkollegs erbaute Alte Universität. Gegenwärtig befindet sich hier das Leibniz-Institut für Europäische Geschichte, ein außeruniversitäres Forschungsinstitut der etwa drei Kilometer außerhalb des Zentrums gelegenen Johannes-Gutenberg-Universität. Gutenberg selbst soll nur wenige Meter entfernt, in der bis 1742 gegenübergelegenen Franziskanerkirche beerdigt worden sein. In einer 1499 veröffentlichten Grabschrift heißt es: „Seine Gebeine ruhen in seligem Frieden in der Kirche des heiligen Franziskus zu Mainz".

Durch die Schusterstraße geht es vorbei am Kaufhaus Kaufhof bis zur Christofsstraße. Das **Geburtshaus**, der Hof zum Gutenberg, hat sich in räumlicher Nähe zur letzten Ruhestätte befunden. Eine Gedenktafel am Haus Nr. 2 (Apotheke) weist darauf hin, dass Gutenberg an dieser Stelle geboren sein soll und vermutlich auch hier seine erste Druckwerkstatt einrichtete.

Wenige Meter weiter befindet sich die als Mahnmal für die Bombenopfer des Zweiten Weltkriegs gestaltete Ruine der Kirche **St. Christoph**. Die frühgotische Pfarrkirche wurde zwischen 1292 und 1325 erbaut, gilt als Taufkirche Johannes Gutenbergs und wurde in den schweren Bombenangriffen auf Mainz 1942 und 1945 fast vollständig zerstört. Neben der Kirche fand im Gutenberg-Jahr 2000 eine moderne Eisenplastik ihren Platz: Der Mainzer Bildhauer Karlheinz Oswald zeigt den Erfinder an der Druckerpresse. Die 2012 ins Leben gerufene Initiative St. Christoph sanierte die Ruine und die Außenanlagen zum 70. Jahrestag der Zerstörung am 27. Februar 2015. Die Gedenkstätte und der neu entstandene Platz gelten als generationsübergreifender Ort der Erinnerung und der Kommunikation inmitten der Mainzer Altstadt.

An der Ecke zur Hinteren Christofsgasse befindet sich der Algesheimer Hof, wo der Erfinder 1468 arm und nahezu vergessen gestorben sein soll.

Zum Ausgangspunkt des hier beschriebenen Rundgangs geht es durch die Hintere Christofsgasse und am Mainzer Altenheim in der Altenauergasse vorbei. Über eine Fußgängerbrücke wird die Quintinsstraße überquert. Durch das Einkaufszentrum Am Brand geht es die Treppen hinunter, über den Rebstockplatz auf den Marktplatz. Von hier aus gelangt man in wenigen Schritten über das Höfchen zum Gutenberplatz, dem Ausgangspunkt unserer Entdeckungstour.

Der Algesheimer Hof – Sterbeort Gutenbergs

Klassiker mit Blick aufs Mainzer Panorama

Der 3-Brücken-Weg führt auch über den Rhein

Ein echter Klassiker unter den Ausflügen in und um Mainz ist der „3-Brücken-Weg". Ob per pedes oder per pedale – dieser Rundweg bietet mehr als nur wunderbare Ausblicke von der hessischen Rheinseite auf die Skyline der rheinland-pfälzischen Landeshauptstadt.

Klassiker mit Blick aufs Mainzer Panorama

Der 3-Brücken-Weg führt auch über den Rhein

Eine beeindruckende Vielfalt an Freizeitaktivitäten sorgt unterwegs für Abwechslung und macht diesen Ausflug auch besonders für Familien attraktiv. Neben den großen namensgebenden Brücken werden einige kleinere Brücken wie z. B. die alte Drehbrücke über der Einfahrt des Winterhafens oder Brücken über die Seitenarme des Mains überquert. Diese Tour lässt sich zu Fuß ebenso gut bewältigen wie mit dem Fahrrad. Gleich, für welche Fortbewegungsart man sich entscheidet: Die Malakoff-Terrasse vor der gleichnamigen Passage und dem Hotel Hyatt Regency am Mainzer Rheinufer bietet sich als zentral gelegener Ausgangs- und Zielpunkt an.

Länge: ca. 8 Kilometer
Bus 60, 61 und 90; Haltestelle Holzturm/Malakoff-Passage

Die Malakoff-Terrasse

Den Platz im Rücken, geht es zunächst rechts und dann links auf die den Winterhafen überquerende Drehbrücke von 1877. Die Brücke ist für Fußgänger und Fahrradfahrer zugänglich und stellt die Verbindung zwischen der Dagobertstraße und der im Sommer bewirtschafteten Molenspitze am Victor-Hugo-Ufer her. Links die

Auf der Drehbrücke am Winterhafen

Rast im Bootshaus

Auf der Eisenbahnbrücke

Mainmündung im Blick, spazieren oder radeln wir dem ersten Ziel entgegen: der mächtigen Stahlkonstruktion der 1858 erbauten, südlich des Mains über den Rhein führenden **Eisenbahnbrücke**.

Der Zugang zum kombinierten Rad- und Fußweg über den Rhein windet sich steil hinauf, aber die Belohnung folgt auf der Stelle: Von dem parallel zu den Gleisen in luftiger Höhe verlaufenden Weg bietet sich nämlich eine besondere Aussicht! So schweift der Blick vom markanten Turm der Kirche St. Stephan im Westen über die Stadt und den Rhein hinweg bis zum großen Feldberg in östlicher Richtung. Am Ende der Mainbrücke lohnt übrigens ein Abstecher hinunter zur ca. 300 Meter entfernten Mainspitze. Hier ist man hautnah an der Mündung des Mains in den Rhein. Der Main zählt zu den rechten Nebenflüssen des Rheins und ist 524 Kilometer lang.

Wer den Spaziergang oder die kleine Radtour ohne diesen Abstecher fortsetzt, hält sich am Ende der Brücke an der zweiten Abzweigung links. Zwischen Sportanlagen und Festgelände hindurch gelangt man über die Verbindungsstraße Auf der Mainspitze und die darauffolgende, über den Main führende Brücke zu unserer nächsten Station – **Mainz-Kostheim**.

Alles im Blick von der Mainspitze aus

Unmittelbar am Ende der Brücke gelangen Fußgänger links über die Treppe zum Mainufer; für Radfahrer empfiehlt es sich, die Straße rechts über den Zebrastreifen zu queren und anschließend dem Schild des europäischen Radwanderweges weiter in Richtung Mainmündung zu folgen. Unterhalb der Kirche St. Kilian geht es dann weiter, unmittelbar am Mainufer entlang.

Kostheim gehört zum Weinanbaugebiet Rheingau und hat ca. 100 Hektar Rebfläche. Zu 80 Prozent werden hier Riesling-Weine angebaut. Um die Weine der Region kennenzulernen, lohnt eine Rast am Kostheimer Weinprobierstand mit Sitzplätzen und plät-

Kostheim – Weinort am Main

scherndem Weinbrunnen. Der am Ufer des Mains liegende Spielplatz lockt Kinder zum Spiel, außerdem lässt sich hier allerlei Federvieh beobachten. Acht Kostheimer Winzer bewirtschaften den Stand in der Regel zwischen Mai und August abwechselnd. Im Angebot sind eigene Weine und regionale Speisen.

KOSTHEIMER WEINPROBIERSTAND · Öffnungszeiten: Mai bis Aug., Fr. 17–22 Uhr, Sa. 16–22 Uhr, Sonn- und Feiertage 10–22 Uhr

Blick auf Mainz

Weiter geht es über eine kleine Brücke (Floßhafenstraße) und an der Konrad-Schollmayer-Straße entlang. Auf Höhe der Mainmündung wandern oder radeln wir auf der Franziska-Retzinger-Promenade zwischen dem **Freibad Maaraue** und dem Rhein mit einem wunderbaren Blick auf Mainz entlang. Das 1965 auf der Maaraue in einem Landschaftsschutz- und

Naherholungsgebiet eröffnete Freibad bietet die größten Wasser- und Freiflächen aller Wiesbadener Freibäder. Es erfreut sich wegen seiner reizvollen Lage an der Mainmündung auch bei den Mainzern großer Beliebtheit. Wer nicht ohnehin einen Abstecher ins Freibad eingeplant hat, dem bietet das unmittelbar ans Freibad anschließende Freizeitgelände Gelegenheit zum Rasten mit vielen Möglichkeiten zu Spaß und Spiel.

FREIBAD MAARAUE · 55246 Mainz-Kostheim
Tel.: 06134-285664 · www.wiesbaden.de
Mai, Juni, Sept. Mo. – Fr. 10 – 20 Uhr, Sa., Sonn- und Feiert. 9 – 20 Uhr
Juli, Aug. Mo. – So. 9 – 20 Uhr · Eintritt: 4,20 €, ermäßigt 1,50 €

Am Campingplatz Maaraue vorbei führt die Route geradewegs auf die Auffahrt der nächsten, über den früheren Floßhafen führenden Brücke. Darunter hindurch geht es auf die Kasteler Reduit zu. Die frühere Rheinkaserne wurde 1832 mit der Bastion Schönborn zum Schutz der damaligen Schiffsbrücke erbaut. Bereits 1840 durch den

Radeln und Relaxen am Kasteler Museumsufer

Das Flößer-Denkmal

Kasteler Museumsufer

Bau der Eisenbahn bedeutungslos geworden, büßte sie ihre Sicherungsfunktion durch den Bau der neuen, festen Rheinbrücke 1885 endgültig ein. Heute befindet sich in den Räumen der Reduit das Museum Castellum. In der zum weitläufigen Areal gehörenden Bastion Schönborn ist das Flößermuseum untergebracht. Von der Gesellschaft für Heimatgeschichte ins Leben gerufen, sind die Exponate in die Gastronomie des Hauses integriert.

BASTION VON SCHÖNBORN · Rheinufer 12 · 55252 Mainz-Kastel
Tel.: 06134-210860 · www.bastion-von-schoenborn.de
Öffnungszeiten: tägl. ab 11 Uhr · Eintritt frei

MUSEUM CASTELLUM · Reduit am Rheinufer · 55252 Mainz-Kastel
Tel.: 06134-3763 · www.museum-castellum.de
Öffnungszeiten: So. 10.30 – 12.30 Uhr
Führungen nach Vereinbarung. Eintritt frei

Mit Mainz im Blick geht es über die Theodor-Heuss-Brücke zurück

Im unmittelbar am Rhein liegenden Biergarten oder in Liegestühlen am Rheinstrand lässt es sich gemütlich mit einem letzten Blick auf Mainz relaxen, bevor es zurück über den Rhein geht.

Durch das Gelände der Reduit führt der Weg über eine Auffahrt auf die letzte der drei großen Brücken dieser Tour, die **Theodor-Heuss-Brücke**. Von oben fällt der Blick auf die parallel verlaufende, zuvor überquerte Eisenbahnbrücke im Süden und die Uferpromenade. In Mainz angekommen, geht es links hinunter, auf das Hilton-Hotel zu, und unmittelbar davor wieder an den Rhein.

An der Rheingoldhalle und dem Rathaus vorbei, spaziert oder radelt es sich nun gemütlich das Stresemann-Ufer entlang auf den Ausgangspunkt der Runde, die Malakoff-Terrasse, zu.

Wo sich Alt- und Neustadt treffen
Auf den Spuren des Stadtbaumeisters Eduard Kreyßig

Von der Neu- in die Altstadt und vorüber an vielen kulturellen Highlights aus Gegenwart und Vergangenheit führt
dieser Stadtrundgang auf den Spuren von Eduard Kreyßig
(1830 – 1897). Die Ära des letzten Stadtbaumeisters von
Mainz begann 1864 mit seinem Dienstantritt und währte bis
zu seinem Rücktritt 1896.

Wo sich Alt- und Neustadt treffen

Auf den Spuren des Stadtbaumeisters Eduard Kreyßig

Die Tour startet auf dem **Jockel-Fuchs-Platz** vor dem Mainzer Rathaus. Das Rathaus mit seiner markanten Optik ist in den 70er Jahren des vergangenen Jahrhunderts nach einem Entwurf des dänischen Architekten Arne Jacobsen entstanden. In unmittelbarer Nähe befindet sich die Rheingoldhalle, quasi der Nachfolgebau der zwischen 1882 und 1884 nach den Plänen von Eduard Kreyßig erbauten und im Krieg zerstörten Stadthalle.

Länge: ca. 6 Kilometer
Bus 28, 54–57, 60–65, 68, 70, 71, 90, 91, 99; Haltestelle Höfchen

![Stadtplan Mainz mit Rundweg. Beschriftungen: Zoll- und Binnenhafen, Kunsthalle, Feldbergplatz, Neustadt, Taunusstraße, Rheinallee, Hindenburgstraße, Frauenlobstraße, Adam-Karrillon-Straße, Boppstraße, Kaiserstraße, Christuskirche, Kurfürstliches Schloss, Röm.-German.-Zentralmuseum, Ministerienviertel, St. Peterskirche, Landesmuseum, Stadthaus, Bahnhofplatz, Hauptbahnhof, Post, Große Bleiche, Altstadt, Naturhistorisches Museum, St. Christophkirche, St. Quintinskirche, Landtag, Staatskanzlei, Rheinstraße, P.-Altmeier-Allee, Rheinland-Pfalz, Hessen, Theodor-Heuss-Brücke, Rampenstraße, Mainz-Kastel (zu Wiesbaden), Philippsring, Reduit Museum Castellum, Rhein, Rheingoldhalle, Jockel-Fuchs-Platz, Rathaus, 40, 43, 0 200 m]

Jockel-Fuchs-Platz, Heilig-Geist-Spital und Eisenturm

Von der zwischen Brandzentrum und Jockel-Fuchs-Platz verlaufenden Fußgängerbrücke ist das älteste Bürgerspital Europas, das 1236 erbaute Heilig-Geist-Spital, zu sehen. Das Spital ist eine Mainzer Location mit besonderer Atmosphäre und ein beliebter gastronomischer Treffpunkt. Daneben befindet sich der 1240 erbaute und einst zur Stadtbefestigung zählende Eisenturm. Heute sind hier vom Kunstverein Eisenturm e. V. organisierte Ausstellungen zu sehen.

HEILIGGEIST · Mailandsgasse 11 · 55116 Mainz
Tel.: 06131-225757 · www.heiliggeist-mainz.de
Öffnungszeiten: Mo. – Fr. ab 16 Uhr, Sa., Sonn- und Feiert. ab 9 Uhr

KUNSTVEREIN EISENTURM MAINZ E. V.
Fritz-Arens-Platz 1 · 55116 Mainz
Tel.: 06131-9727603 · www.kunstverein-eisenturm-mainz.de
Öffnungszeiten: Sa., So. 11 – 17 Uhr, Mi. 16 – 19 Uhr

Das unweit gelegene Weinhaus Wilhelmi zählt zu den ältesten Traditionsweinstuben der Stadt und ist einen Besuch wert: In der urigen, holzgetäfelten Weinstube wird zusammengerückt, wenn es einmal eng wird. Wenn im Sommer die Türen zur Spitalgasse geöffnet sind, lassen sich Handkäs, Spundekäs und ein guter Schoppen unter freiem Himmel genießen.

WEINHAUS WILHELMI · Rheinstraße 53 · 55116 Mainz
Tel.: 06131-224949 · www.weinhaus-wilhelmi.de
Öffnungszeiten: tägl. 17 – 24 Uhr

Vom Jockel-Fuchs-Platz führt die Tour an einem Kunstwerk und beliebten Fotomotiv vorüber, der aus Aluminiumstäben bestehenden Riesenspirale mit dem Titel „Lebenskraft" von Andreu Alfaro, in Richtung Rhein.

Wir spazieren die Stufen hinab an das **Adenauer-Ufer**. Hier befinden sich die Anlegestellen der Ausflugsschiffe. Die gläsernen Verkaufskioske für Schifffahrkarten der Köln-Düsseldorfer sowie der Primus-Schifffahrtslinie sind 2007 in Anlehnung an die von Stadtbaumeister Eduard Kreyßig 1885 konzipierten Empfangsgebäude entstanden.

Links geht es rheinabwärts am Hilton-Hotel vorüber. Neben dem runden Brunnen und zwischen den Pfeilern des Brückentors gerät der Mainzer Kurfürsten-Zyklus in den Blick. Die Kopien der Sandsteinreliefs vom früheren Kaufhaus am Brand, das während der Belagerung von Mainz in den Jahren 1792 und 1793 stark beschä-

Der Weg führt am Rhein entlang

digt und Anfang des 19. Jahrhunderts abgerissen wurde, zeigen den Schutzpatron von Mainz, St. Martin zu Pferd, den römischen König Ludwig der Bayer und die sieben Kurfürsten. Die Originale befinden sich im Landesmuseum.

Die Route führt nun unter der Theodor-Heuss-Brücke hindurch. Linkerhand befinden sich das Deutschordenshaus (Landtag), das Neue Zeughaus (Staatskanzlei) sowie der langgestreckte Renaissancebau des Kurfürstlichen **Schlosses**.

Der Kurfürsten-Zyklus

Strand am Mainzer Rheinufer

Während des Dreißigjährigen Krieges ließ Kurfürst Georg Friedrich von Greiffenklau 1627 den Grundstein für den repräsentativen, von der deutschen Spätrenaissance beeinflussten Bau legen, der 1752 vollendet wurde. Eine Restaurierung nach Plänen des Mainzer Stadtbaumeisters Eduard Kreyßig erfolgte 1889. Anfang der 1950er Jahre wurde die während des Zweiten Weltkriegs ausgebrannte Ruine wieder aufgebaut. Die ehemalige Stadtresidenz der Mainzer Erzbischöfe, die zugleich auch die Funktion von Kurfürsten innehatten, ist als die sogenannte „Gut Stubb" der Mainzer über die Stadtgrenzen hinaus bekannt. Zu verdanken ist das den seit mehreren Jahrzehnten erfolgenden Fernsehübertragungen aus der im Schloss stattfindenden Fastnachtssitzung „Mainz bleibt Mainz, wie es singt und lacht".

Es geht vorbei am Raimunditor, einem von einst zwölf Toren, die im Zuge der durch Kreyßig geplanten Rheinkehlbefestigung erbaut wurden. Nach einer kleinen Skateranlage mit Basketballplatz in Höhe der Kaiserstraße beginnt die **Mainzer Neustadt**.

Die Neustadt wird durch die als Prachtboulevard konzipierte Kaiserstraße von der Altstadt getrennt. Die Straße geht – ebenso wie

Das Schlosstor

die gesamte Mainzer Neustadt – auf Planungen von Eduard Kreyßig zurück. Die Anlage der Neustadt auf dem früheren Gartenfeld
im späten 19. Jahrhundert bedeutete eine wesentliche Erweiterung
des Mainzer Stadtgebietes und steht in engem Zusammenhang mit
der 1887 zu Ende geführten Rheinufererweiterung. Durch eine Ver-
engung des Rheins um rund 500 Meter wurde neues, dringend not-
wendiges Gelände gewonnen. Zeitgleich erfolgte auch die Verlage-
rung der früher auf der heutigen Rheinstraße verlaufenden Bahnlinie
an die Westseite der Stadt. Zum Schutz von Mainz entstand zudem
unter Federführung des Stadtbaumeisters die Rheinkehlbefestigung
(1873 – 1879), deren militärische Bedeutung jedoch bereits schon
1907 hinfällig wurde.

Wir spazieren weiter in Richtung der 1878 erbauten Caponniere am Feldbergplatz sowie zum nicht weit von hier entfernten
und 1887 eingeweihten **Zoll- und Binnenhafen**. Zum Zeitpunkt
der Drucklegung dieses Buches entwickelt sich das Quartier zu einem neuen Wohn- und Arbeitsquartier nach dem Vorbild anderer
Hafencitys in Deutschland. Lediglich drei Gebäude sind noch aus

Die Caponniere

der Zeit Kreyßigs erhalten: das Weinlagergebäude auf der Südmole sowie die alte Lokhalle und das Kesselhaus. In Letzterem bezog 2008 die **Kunsthalle Mainz** ihr Quartier. Gezeigt werden regelmäßig wechselnde Ausstellungen zeitgenössischer Kunst.

KUNSTHALLE MAINZ · Am Zollhafen 3–5 · 55118 Mainz
Tel.: 06131-126936 · www.kunsthalle-mainz.de
Öffnungszeiten: Di. – Fr. 10 – 18 Uhr,
Mi. bis 21 Uhr, Sa., Sonn- und Feiert. 11 – 18 Uhr
Eintritt: 6 €, ermäßigt 3 €, Kinder bis 6 Jahre frei

Vom Zollhafen aus spazieren wir durch die Hafenstraße zurück in Richtung Feldbergplatz. Bei den Planungen zur Stadterweiterung orientierte sich Kreyßig an den im Rahmen seines Besuchs bei der Pariser Weltausstellung erhaltenen Eindrücken von Baron Haussmann (1809 – 1891). Dieser war unter Kaiser Napoleon III. für eine der bedeutendsten städtebaulichen Maßnahmen der Welt verantwortlich. So erfolgte die Erschließung der Mainzer Neustadt durch ein symmetrisches, gitterförmiges Straßensystem aus Längs- und Querachsen, aufgelockert durch Plätze und grüne Alleen.

Über den Feldbergplatz hinweg geht es anschließend weiter durch die Hafenstraße bis zur Frauenlobstraße. Hier halten wir uns rechts Richtung Rheinallee. Nach deren Überquerung geht es links und wir biegen nach wenigen Metern in die Adam-Karrillon-Straße ein, mit der einen oder anderen schönen, noch gut erhaltenen Fassade aus der Gründerzeit. Wer Lust auf einen kräftigen Kaffee verspürt, ist in der sich etwas versteckt in einem Hinterhof befindlichen Mainzer Kaffeemanufaktur gut aufgehoben.

Der schiefe Turm der Kunsthalle

MAINZER KAFFEEMANUFAKTUR
Adam-Karrillon-Straße 54 · 55118 Mainz
Tel.: 06131-611129 · www.mainzer-kaffeemanufaktur.de
Öffnungszeiten: Mo. – Fr. 10 – 18 Uhr, Sa. 10 – 13 Uhr

Links geht es weiter in die Raimundistraße und damit in Richtung **Kaiserstraße**, der offiziellen Grenze zwischen Alt- und Neustadt. Der sich fast die gesamte Länge der Kaiserstraße hinziehende Gartenstreifen wurde nach Eduard Kreyßig benannt, dessen Büste sich auf

Die Christuskirche

Hans-Klenk-Brunnen

einer Betonstele in der Mitte der Kaiserstraße (zwischen Bopp- und Neubrunnenstraße) befindet.

Unser Weg führt nun zu der wie auf einer grünen Insel ruhenden Christuskirche. „Der evangelische Dom", wie die repräsentative evangelische Kirche mit ihrem prächtigen Kupferdach auch genannt wird, wurde zwischen 1898 und 1903 nach Plänen von Eduard Kreyßig erbaut. Im Zweiten Weltkrieg zerstört, baute man sie 1954 wieder neu auf und bis heute ist dreimal täglich vom Turm der Kirche ein Glockenspiel zu hören.

CHRISTUSKIRCHE · Kaiserstraße 56 · 55116 Mainz
Tel.: 06131-234677 · www.christuskirche-mainz.de
Öffnungszeiten: Di. – Do., Sa. 9 – 18 Uhr, Fr. 12 – 18 Uhr, Mo., Sonn- und Feiert. 11 – 18 Uhr · Turmführungen sind nach vorheriger Terminvereinbarung für Gruppen ab mindestens 4 Personen möglich (Eintritt: 3 €)

Dativius-Victor-Bogen

St. Peter

Zwischen dem Haupteingang der als Gegengewicht zum Mainzer Dom erbauten Kirche und dem Hans-Klenk-Brunnen hindurch wird erneut die Kaiserstraße überquert. Auf der anderen Straßenseite geht es links, bis ein Wegweiser in die Ernst-Ludwig-Straße „Richtung Staatsanwaltschaft und Gerichte" zeigt.

Durch die Diether-von-Isenburg-Straße spazieren wir dem Dativius-Victor-Bogen, einem römischen Ehrenbogen aus dem dritten Jahrhundert, entgegen.

★ TIPP ★ Von hier lohnt sich ein Abstecher in das nicht weit entfernte Landesmuseum. Das goldglänzende Pferd über dem Eingang des lang gestreckten Gebäudekomplexes steht für die sogenannte „Golden-Ross-Kaserne", den ehemaligen Kurfürstlichen Marstall. Mit der Einrichtung des Altertumsmuseums erfolgte 1837 die Umwandlung des früheren Marstalls in ein Haus der Kunst. Heute ist hier die bedeutendste Kunstsammlung des Landes Rheinland-Pfalz zu Hause.

LANDESMUSEUM MAINZ · Große Bleiche 49–51 · 55116 Mainz
Tel.: 06131-2857210 · www.landesmuseum-mainz.de
Öffnungszeiten: Di. 10 – 20 Uhr, Mi. – So. 10 – 17 Uhr
Eintritt: 6 €, ermäßigt 5/3 €, Kinder bis 6 Jahre frei, Familien 12/6 €

Den Ehrenbogen im Rücken spazieren wir über die Große Bleiche geradewegs auf den Deutschhausplatz zu und sind damit inmitten des Mainzer Regierungsviertels.

Rechts geht es nun auf der Großen Bleiche ein kurzes Stück an der Fassade der **Kirche St. Peter** entlang. Die farbenfroh ausgemalte, seit 1989 nach mehr als zehnjähriger Restaurierung in hellem Gold glänzende Kirche im Stil des Rokoko ist einen Besuch wert.

Anschließend verläuft die Route links, die Petersstraße wird überquert und durch die Mitternacht geht es auf das größte naturkundliche Museum in Rheinland-Pfalz, das Naturhistorische Museum mit seinem markanten gläsernen Turm, zu.

ST. PETER · Petersstraße 3 · 55116 Mainz
Tel.: 06131-222035 · www.sankt-peter-mainz.de
Öffnungszeiten: tägl. 9 – 18 Uhr (im Winter bis 17 Uhr)

NATURHISTORISCHES MUSEUM · Reichklarastraße 1 · 55116 Mainz
Tel.: 06131-122268 · www.mainz.de/nhm/
Öffnungszeiten: Di. 10 – 20 Uhr, Mi. 10 – 14 Uhr, Do. – So. 10 – 17 Uhr
Eintritt: 4,50 €, ermäßigt 3,50 €, Familien 12,50 €

Über den Garten der Zeit und den Gesteinsgarten hinweg geht es am Haus der Jugend vorbei über die Reichklarastraße in die Mitternachtsgasse. Die Bauerngasse wird überquert und wir erreichen den Karmeliterplatz. Sehenswert ist hier besonders die Ruine der frühgotischen, neu gestalteten Kirche St. Christoph. Sie gilt nach ihrer Zerstörung 1945 als Mahnmal gegen Gewalt und Krieg. Zum 70.

Gründerzeitfassade aus der Zeit Kreyßigs

Jahrestag der Zerstörung am 27. Februar 2015 wurden die Überreste saniert und das Gelände neu gestaltet.

Durch die Hintere Christofsgasse geht es nun links um den Algesheimer Hof, wo sich nach einer Chronik aus dem Jahr 1550 Gutenbergs letzter Wohnsitz befunden haben soll. Rechts, am Mainzer Altenheim in der Altenauergasse vorbei, führen gut zu bewältigende, flache Stufen in das Einkaufszentrum am Brand. Eine Fußgängerbrücke verbindet das Brand-Zentrum mit unserem Ausgangspunkt dieser Stadtwanderung, dem Jockel-Fuchs-Platz vor dem Rathaus.

Unterwegs in Magenza

Das jüdische Mainz entdecken

Die über 1.000-jährige, bedeutende jüdische Geschichte in Mainz hat kaum sichtbare Spuren in der Stadt hinterlassen. Im Wesentlichen erinnern heute Gedenktafeln an frühere Orte einer kulturellen Blüte, aber auch an jüdisches Leben im Ghetto und an Pogrome. Dieser Rundweg führt zu einigen Stellen, an denen heute noch eine Rückbesinnung möglich sein kann.

Unterwegs in Magenza

Das jüdische Mainz entdecken

Unser Stadtspaziergang startet auf dem Liebfrauenplatz an der **Nagelsäule**. Das sieben Meter hohe Monument ist das Ergebnis einer Spendenaktion im Jahr 1916. Die Mainzer waren aufgerufen, Geld zur Linderung der Kriegsnot, für die Kriegskinderfürsorge und den Verein für Ferienkolonien zu spenden. Jeder Spender konnte dafür einen je nach Spendenhöhe unterschiedlich wertvollen Nagel in die Holzsäule einschlagen.

Länge: ca. 4 Kilometer

Bus 60, 61, 90; Haltestelle Fischtor / Bus 28, 54–57, 60–65, 70, 71, 90, 91, 99, 68; Haltestelle Höfchen

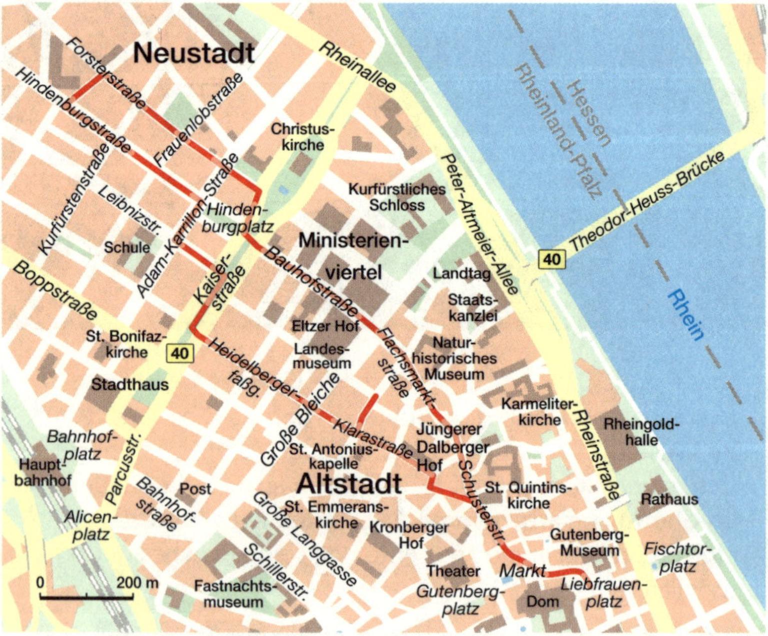

![Karte des jüdischen Mainz mit Neustadt, Ministerienviertel und Altstadt, Rhein und Theodor-Heuss-Brücke]

Nagelsäule

Die hölzerne Mittelsäule ist sieben Meter hoch und besteht aus mehreren Bündeln von Eichenstämmen. Jeder Ring wurde durch eine bestimmte Thematik charakterisiert. So widmet sich beispielsweise der untere Abschnitt dem Thema Liebe in unterschiedlichen Darstellungen. Die protestantische und katholische Kirche sowie die da-

Nagelsäule - Detail

malige jüdische Gemeinde waren an diesem Element beteiligt. Daher sind hier ein Kreuz, die Lutherrose und ein sechszackiger Judenstern mit hebräischen Schriftzeichen zu entdecken.

Mainz (hebräisch Magenza) zählte neben Worms und Speyer zu den drei SCHUM-Städten am Rhein. Im 11. Jahrhundert haben sich Rabbiner und Vorsteher der jüdischen Gemeinden in Mainz, Worms und Speyer zu einem Bündnis zusammengeschlossen. Die

Heunensäule - Detail

Bezeichnung SCHUM ist ein Akronym der hebräischen Namen (Schpira, Warmasia, Magenza) dieser Kerngemeinden des deutschen Judentums. Mainz erlebte im Hochmittelalter eine Blütezeit und bildete mit den beiden ebenfalls am Rhein gelegenen Städten das kulturelle und geistige Zentrum des Judentums in Mitteleuropa. Hier entwickelte sich im Laufe der Zeit eine Gelehrtentradition, der man eine hohe Autorität in religiösen wie rechtlichen Fragen zugestand.

Juden lebten bereits in römischer Zeit am Rhein, eine Gemeinde existierte nachweislich bereits vor dem 10. Jahrhundert. Mainz war zu dieser Zeit schon ein bedeutender Handelsplatz. Auf Wachstum wie Wohlstand der jüdischen Gemeinde hatte die Vertreibung von nicht taufwilligen Juden im Jahre 1012 kaum Einfluss. Nach Ausschreitungen im jüdischen Viertel mussten die Mainzer Juden jedoch nur wenige Jahrzehnte später, im Jahr 1084, erneut die Stadt verlassen. Ihr Weg führte nach Speyer, wo sie im Rahmen einer planmäßigen Ansiedlung eine neue Heimat fanden. 1096 fielen die meisten der Juden in Mainz und Worms dem Kreuzfahrerheer zum Opfer, dem bei seinem Kriegszug zur Befreiung des Heiligen Landes jeder Nicht-Christ zum Feind wurde.

In Zeiten der Ruhe und des Friedens lebten Juden in Mainz wie in anderen mittelalterlichen Städten in eigenen, nicht abgeschlossenen Wohnquartieren. Dies erleichterte nicht nur die Lebensgestaltung aufgrund der religiös begründeten Vorschriften, sondern war damals auch für bestimmte Berufsgruppen üblich. Durch das Auftreten der Pest 1349 wurden Juden als angebliche Brunnenvergifter verfolgt und das Judenviertel durch Feuer zerstört. Unter Verweis auf das Stadtwohl gestattete die Stadt ab 1356 eine erneute Ansiedlung.

★ TIPP ★ Verstorbene wurden vermutlich seit dem 10. Jahrhundert bis zur Auflösung der jüdischen Gemeinde 1438 auf dem **Judensand** bestattet. Der an der Mombacher Straße gelegene Friedhof stellt bis heute eine besonders wichtige Quelle für die mittelalterliche Geschichte der Juden im Rheinland dar. Als sich 1538 erneut eine jüdische Gemeinde gründen konnte, erfolgten hier wieder Beerdigungen bis zur Schließung des Judensands 1880.

 Bus 28, Haltestelle Fritz-Kohl-Straße oder Goetheunterführung

Zugänglich auf Anfrage · JÜDISCHE GEMEINDE MAINZ
Synagogenplatz · 55118 Mainz
Tel.: 06131-2108800 · www.jgmainz.de

★ TIPP ★ Der **neue jüdische Friedhof** grenzt unmittelbar an den Hauptfriedhof und wird seit dem 2. Januar 1881 genutzt. Sehenswert ist die 1880 bis 1881 nach den Entwürfen des Stadtbaumeisters Eduard Kreyßig erbaute Trauerhalle im maurischen Stil, die nach dem Krieg als Gotteshaus diente. Das Gebäude befindet sich an der Unteren Zahlbacher Straße und wurde umfassend saniert. Der Friedhof kann – außer an Samstagen und jüdischen Feiertagen – von April bis September von 8 – 19 Uhr und von Oktober bis März von 8 – 17 Uhr besucht werden.

 Bahn 52, Haltestelle Hauptfriedhof oder Römersteine

Weiter verläuft die Tour auf den Spuren des jüdischen Magenza vorbei an einem der schönsten Renaissancebrunnen Deutschlands, dem Marktbrunnen, zur Heunensäule. Die 6,50 Meter hohe und rund 16 Tonnen schwere Sandsteinsäule aus einem Steinbruch bei Miltenberg war vermutlich schon um 1000 für den Dombau vorge-

Die Heunensäule

Chagall-Fenster

sehen und wurde der Stadt Mainz von der Stadt Miltenberg 1975 zum 1.000-jährigen Domjubiläum geschenkt. In der bronzenen Verkleidung des Sockels sind vier markante Kopfbedeckungen zu entdecken: der Bischofshut, die einer Jakobinermütze entspringende Narrenkappe sowie der Legionärshelm und die Kaiserkrone. Sie stehen jeweils für Begebenheiten der Mainzer Geschichte. Ein Davidstern und darunter in lodernden Flammen stehende Häuser erinnern an die Pogrome, die zur Zerstörung des einst blühenden jüdischen „Magenza" führten.

★ TIPP ★ **Chagallfenster in der Kirche St. Stephan**
Von dieser Stelle lohnt ein Abstecher zu der über der Altstadt thronenden Kirche St. Stephan. In den neun leuchtend blauen, 1978 bis 1985 vom jüdischen Künstler Marc Chagall (1887–1985) geschaffenen Kirchenfenstern sind jüdische und christliche Motive als Zeichen der jüdisch-christlichen Verbundenheit und Völkerverständigung vereint.

Es handelt sich um das einzige sakrale Kunstwerk des Künstlers in Deutschland und ist zugleich das letzte von ihm geschaffene Glaskunstwerk dieser Dimension. Für mehr Informationen s. S. 89.

 Bahn 50 – 52, Haltestelle Am Gautor

Durch die vom Markt abzweigende Schusterstraße gelangt man zum heutigen Kaufhaus Kaufhof. An dieser Stelle stand einst das jüdische Kaufhaus Tietz (1893 – 1933), das von den Nationalsozialisten enteignet und 1942 bei einem Luftangriff zerstört wurde. Hier befand sich auch die 1093 fertiggestellte und im Zusammenhang mit dem ersten Kreuzzug 1096 vernichtete, erste Synagoge der Stadt.

Weiter führt der Weg am Kaufhaus vorbei wenige Schritte durch die Fußgängerzone **Stadthausstraße**. Sichtbare Reste des mittelalterlichen Judenquartiers existieren hier aufgrund von Feuer- und Kriegszerstörungen nicht mehr. Gleichwohl befanden sich in dieser Straße einst kultische Einrichtungen, wie das zu den wesentlichen Bestandteilen des ehemaligen Judenviertels zählende Badehaus (Mikwe) – genannt „Haus zum Bade" (Stadthausstraße 15 – 17) – sowie das Judenbackhaus (Stadthausstraße 22).

Nun biegen wir rechts in die Stadionerhofstraße ein. Unmittelbar nach dem Lokal Stadthaus-Schänke biegen wir links ab in die Klarastraße. In dem barocken, 1715 bis 1718 erbauten **Adelspalast Dalberger Hof**

Dalberger Hof

war von 1982 bis Anfang 2008 das Peter-Cornelius-Konservatorium untergebracht. Heute befinden sich hier exklusive Wohnungen. Das Palais war ab 1923 repräsentativer Sitz des Polizeiamtes. Neben der Polizeidirektion waren hier außerdem das Polizeigefängnis und die Luftwarnzentrale untergebracht. Das Palais blickt somit auf eine wechselvolle Geschichte zurück. Neben vorwiegend politischen Häftlingen wurden nach 1939 auch zunehmend Juden zu den Gefangenen gezählt. Der Dalberger Hof wurde bei dem Luftangriff am 27. Februar 1945 beschädigt und der Gefängnisbetrieb eingestellt. Die Häftlinge wurden in Lager in der Umgebung von Mainz gebracht.

Hochzeitszug (Quelle: Stadtarchiv)

Im weiteren Verlauf der Klarastraße wird die Emmeransstraße überquert. In diesem Bereich bis zur Löwenhofstraße befand sich das mit 65 Häusern von der Umgebung abgeschlossene **jüdische Viertel**, in das die Mainzer Juden ab 1662 per Dekret von Kurfürst Johann Philipp von Schönborn eingewiesen wurden. Auf dem Gelände der Landesbausparkasse ist eine in den Boden eingelassene Gedenktafel zu sehen. Hier stand einst das kleine Gebäude der Judenwache, welche die offene Judengasse (Hintere Synagogengasse) abschloss. Nach Auflassung des Judenviertels 1798 diente das Haus ab 1815 bis zum Abriss 1862 als Wache der Bundesfestung Mainz. Das gesamte Viertel wurde im Zweiten Weltkrieg durch Bomben zerstört. Beim Bau der Landesbank wurden Fundamente des früheren Ghettos entdeckt.

Bei einem kleinen Abstecher von der Klarastraße in die Vordere Synagogenstraße ist eine Tafel zu sehen, die an die 1853 fertiggestellte

Eine Tafel erinnert an die 1853 eingeweihte frühere Hauptsynagoge

und eingeweihte Hauptsynagoge der Israelitischen Religionsgemeinde erinnert. Das Gebäude wurde in der Pogromnacht im November 1938 geschändet und 1945 bei einem Bombenangriff weitestgehend zerstört. Etwa 100 Meter davon entfernt befanden sich eine orthodoxe Synagoge sowie die Bondischule. Beide Einrichtungen – Gebetsstätte sowie die nach dem orthodoxen Rabbiner und Schulleiter Dr. Jonas Bondi benannte Schule – wurden während der Reichskristallnacht im November 1938 von Nationalsozialisten zerstört.

Aus der Vorderen Synagogenstraße geht es zurück und rechts weiter durch die Klarastraße. Über die Große Bleiche führt dieser Rundweg durch die Heidelbergerfaßgasse Richtung **Kaiserstraße**, die Mainz in ihrer ganzen Länge in Neu- und Altstadt trennt. Über die in der Mitte befindlichen Anlagen hinweg rechts gelangen wir zu einem aus der Gründerzeit stammenden Eckhaus in der Kaiserstraße 31. Hier, am unmittelbaren Rand der Neustadt, befand sich die frühere Mainzer Außenstelle der Gestapo Darmstadt. Eine Tafel erinnert an den berüchtigten Verhörkeller und die Opfer des Nazi-Regimes.

Durch die Leibnizstraße gelangen wir nach wenigen Metern rechts in die Adam-Karrillon-Straße zum Haus Nr. 13. In dem Wohnhaus war ab ca. 1942 ein sogenanntes Judenhaus eingerich-

Gedenktafel Kaiserstraße

tet. In Mainz gab es mehrere dieser Häuser, so z. B. in der Breidenbacher Straße 25, der Taunusstraße 31 oder in der Gonsenheimer Straße 13 und 15. Judenhäuser waren in der Regel Wohnhäuser von jüdischen Besitzern, in die zwangsweise weitere Juden einquartiert wurden.

Links um das Wohnhaus geht es in die Hindenburgstraße. Nach etwa 300 Metern fällt auf der rechten Seite die eindrucksvolle Architektur der **neuen Synagoge** am Synagogenplatz auf. Nur die 1988 wiedergefundenen und zum 50. Jahrestag der Zerstörung neu aufgestellten Reste des Säulenvorhofs erinnern heute an die frühere Hauptsynagoge. Über 1.000 Menschen fanden in dem monumentalen Bau mit zwei Seitenflügeln Platz. In der Nacht zum 10. November 1938 wurde sie von Nationalsozialisten geplündert und in Brand gesetzt. Nach zwischenzeitlich anderweitiger Nutzung ist auf dem Gelände schließlich der Bau dieser neuen, im September 2010 der Gemeinde übergebenen Synagoge verwirklicht worden. Der Platz an der Hindenburgstraße wurde in Synagogenplatz umbenannt.

★ TIPP ★ Stadthistorisches Museum
Die in fünf Abteilungen gegliederte Ausstellung „Magenza – 1.000 Jahre Jüdisches Mainz" gewährt anhand von Schautafeln sowie einigen Original-Exponaten einen Überblick über die wechselvolle Geschichte der Mainzer Juden seit dem Mittelalter. Außerdem kann in dem Museum auf der Zitadelle ein Ausflug durch die Mainzer Stadtgeschichte unternommen werden.

Die neue Jüdische Synagoge

STADTHISTORISCHES MUSEUM · Zitadelle Bau D
Tel.: 06131-629637 · www.stadtmuseum-mainz.de
Öffnungszeiten: Fr. 14 – 17 Uhr, Sa., So. 11 – 17 Uhr
Eintritt: 3 €, ermäßigt 1,50 €, Kinder unter 6 Jahren frei, Familien 5 €

 Bus 64, 65, 90,92,
Haltestelle Zitadellenweg / Bahnhof Römisches Theater

Um zurück zum Ausgangspunkt unseres Stadtspaziergangs zu gelangen, geht es weiter durch die Josefstraße, dann rechts in die Forsterstraße. In der Forsterstraße 2 erinnern die Fensterverkleidungen im Erdgeschoss daran, dass hier vor dem Umzug an den Synagogenplatz die Jüdische Gemeinde Mainz ihren Sitz hatte. Am 117er Ehrenhof biegen wir rechts in die Adam-Karrillon-Straße und spazieren dem Hindenburgplatz entgegen. Diesem folgen wir nun links in Richtung Stadtmitte und überqueren die Kaiserstraße in die Bauhofstraße, Flachsmarktstraße und dann in die Schusterstraße. Im Fußgängerbereich der Schusterstraße ist bald der Dom erreicht. Wenige Schritte weiter sind wir dann wieder am Liebfrauenplatz mit der prägnanten Nagelsäule.

Mainz, wie es grünt und blüht

Natur erleben rund um die Stadt

Gärten, Grüngürtel und Parks, aber auch versteckte kleine grüne Oasen machen die Landeshauptstadt besonders lebenswert. Die hier beschriebenen Orte sind zu Fuß, per pedale oder mit Hilfe der öffentlichen Verkehrsmittel zu erleben.

Mainz, wie es grünt und blüht

Natur erleben rund um die Stadt

Der **Botanische Garten** dient der Forschung, Lehre und Weiterbildung und ist mit ca. 9.000 Pflanzenarten ausgestattet. Diese große Vielfalt demonstriert das breite Spektrum der Pflanzenwelt und ermöglicht einen nicht nur für Botaniker spannenden Rundgang durch die innerhalb der Johannes-Gutenberg-Universität gelegene, über 60 Jahre alte Anlage.

Länge: ca. 8 Kilometer
Bus 6, 51, 54 – 57, 59, 64, 65, 68, 75, 76, 78, 90, 91, 650;
Haltestelle Universität

In die Gartenanlage gelangen wir von der Bushaltestelle Universität durch die Albert-Schweitzer-Straße. Gegenüber des Hauptfriedhofs befindet sich die Einfahrt. Wir spazieren in den Anselm-Franz-von-Bentzel-Weg. Nach wenigen Metern ist rechts das Alpinum mit

Einzigartige Flora im Alpinum

Pflanzen aus Gebirgsregionen zu erkennen. Zum Eingang geht es die Bepflanzung entlang rechts durch den Johannes-von-Müller-Weg und dann wieder rechts in den Dietrich-Gresemund-Weg.

Eine niedrige Eingangstür eröffnet uns den Weg in eine eigene kleine Welt. Gehölze und wärmeliebende Pflanzen sind in dem Steingarten mit Schwerpunkt auf Pflanzen aus hochalpinen Regionen der Welt zu bewundern. Außerdem mediterrane und orientalische Pflanzen, wie der Granatapfel oder die Chinesische Dattel, die sich auf der Südseite des künstlich angelegten Hangs wohlfühlen.

Zurück auf dem Anselm-Franz-von-Bentzel-Weg geht es tiefer in das Campus-Gelände hinein und zu der nur nach Süden geöffneten Biologischen Abteilung. An drei Seiten von Gebäuden umgeben befindet sich hier ein breites Spektrum an Kletterpflanzen. Außerdem sind ein Heil- und Giftpflanzengarten sowie Anlagen mit Wasserpflanzen zu betrachten.

BOTANISCHER GARTEN
Anselm-Franz-von-Bentzel-Weg 9 a+b · 55099 Mainz
Tel.: 06131-3922251 · www.botgarten.uni-mainz.de
Öffnungszeiten: Freiland tägl. 7.30 – 18 Uhr,
Gewächshäuser Sa. – Do. 7.30 – 15.30 Uhr, Fr. 7.30 – 13 Uhr

Eine Tanzpartie

Am Fußgängerüberweg folgt man dem Schild „Botanischer Garten". In Höhe des Instituts für spezielle Botanik geht es links zu den Gewächshäusern, die sich in einem eigenen Gartenbereich mit separatem Eingang befinden. Im Sukkulentenhaus werden die Pflanzen der Trockengebiete präsentiert. Im Tropenhaus haben Pflanzen aus den feuchtheißen Regionen der Kontinente eine Heimat und hinter dem Nutzpflanzenhaus fühlen sich im Insektivorenbeet fleischfressende Pflanzen wohl.

Vorbei an Schaubeeten mit Zierpflanzen fasziniert auch ein

Bunte Vielfalt inmitten des Campus

Rundgang durch das Arboretum, den mit rund 30.000 Quadratmetern größten Teilbereich des Botanischen Gartens. Geografisch gegliedert sind über 1.000 Bäume und Sträucher aus gemäßigten Klimazonen Nordamerikas und Ostasiens zu finden.

Unser nächstes Ziel ist der **Mainzer Hauptfriedhof**, mit seiner prächtigen Baumlandschaft. Hier haben bekannte Mainzer Persönlichkeiten ihre letzte Ruhe gefunden. Nach Verlassen des Geländes der Johannes-Gutenberg-Universität wird die Albert-Schweitzer-Straße überquert und wir halten uns rechts ein Stück entlang der Friedhofsmauer. Nach wenigen Metern geht es links in den Friedhof. Mit einer Fläche von fast zwei Quadratkilometern handelt es sich um die größte Begräbnisstätte in Mainz. Der individuell zu gestaltende Rundweg durch den seit über 200 Jahren bestehenden Hauptfriedhof führt über alleeartige Friedhofswege und vorbei an eindrucksvollen Grabmälern, markanten Grüften sowie prächtigen Grabhäusern. Das 1803 unter dem französischen Präfekten Jeanbon Baron de St. André eingerichtete Gelände gilt als Abbild der Stadtgeschichte und war Vorbild für den kurze Zeit später in

Friedhof mit Parkcharakter: der Mainzer Hauptfriedhof

Paris angelegten Friedhof Père Lachaise.

MAINZER HAUPTFRIEDHOF
Öffnungszeiten: in der Regel
ab 8 Uhr bis zum Einbruch der
Dunkelheit

Hinaus geht es im unteren Bereich auf die Untere Zahlbacher Straße und von hier an dem sich in unmittelbarer Nachbarschaft südlich anschließenden jüdischen Friedhof vorüber. Hier fällt besonders die im orientalischen Stil von Stadtbaumeister Eduard Kreyßig aufwendig erbaute jüdische Trauerhalle ins Auge.

Vom Hauptfriedhof aus wird der Xaveriusweg überquert. Der Unteren Zahlbacher Straße weiter folgend geht es nach ca. 100

Grabmal auf dem Hauptfriedhof

Metern rechts einen befestigten Fußweg durch Wiesengelände entlang. Hier weidet meist eine kleine Schafherde. Von dem nun leicht ansteigenden Weg aus sind bereits die Überreste einzelner Pfeiler der Zahlbacher **Römersteine** zu sehen. Es handelt sich um Reste der römischen Wasserleitung, die auf dem nachweislich größten römischen Aquädukt nördlich der Alpen in ca. 25 Metern Höhe das Zahlbachtal überquerte und die Menschen in Mainz mit Wasser aus dem heutigen Mainz-Finthen versorgte.

Zurück an der Straße nehmen wir die Fußgängerüberquerung über die Untere Zahlbacher Straße und halten uns rechts. Es geht dann durch die Eupener Straße in die Lindenschmitstraße und den Hügel hinauf auf das Gelände der Universitätsmedizin Mainz.

Erholungszone auf dem Gelände der Universitätsmedizin

Erholsamer Mittelpunkt des 1911 bis 1914 im Pavillonstil erbauten früheren städtischen Krankenhauses ist die zentrale Gartenanlage zwischen den Gebäuden 302 und 303.

UNIVERSITÄTSMEDIZIN DER JOHANNES-GUTENBERG-UNIVERSITÄT
Langenbeckstraße 1 · 55131 Mainz
Tel.: 06131-170 · www.unimedizin-mainz.de
Haltestelle Universitätsmedizin, Bus 9, 62, 63, 67, 76, 652, 660

Vier Wege führen auf den großen, von einem ovalen Weg umrahmten Brunnen zu. Sitzbänke zwischen den akkurat gestutzten Eibenbüschen und eine gepflegte Rasenanlage machen die kleine Grünanlage zu einer beliebten Erholungszone inmitten des Krankenhausalltags.

Über den Helmholtzweg hinweg geht es nun durch den Haupteingang des Klinikums. Die stark befahrene Langenbeckstraße wird überquert und die Route führt über den Augustusplatz, an der Zahn-Mund-Kieferklinik vorüber zu der Straße Am Römerlager.

Wasserspaß auf dem Spielplatz Planschbecken

Von hier gelangen wir in ein besonderes Stück Mainz, den sogenannten **Grüngürtel**. Entstanden durch Erdaufschüttungen im Verlauf der früheren Festungsumwallung, ziehen sich die heute verkehrsberuhigten Anlagen vom Hauptbahnhof bis zum Stadtpark.

Parallel zum Römerwall geht es über schattige Parkwege und nach Überquerung des Fichteplatzes in die Fortsetzung des Grüngürtels, den **Drususwall**. Rechts und links der verkehrstechnisch stillgelegten kleinen Straße bieten die Grünanlagen, in denen sich auch das Spielgelände „Planschbecken" befindet, einen hohen Naherholungswert. Rasenflächen, Rosen und Lavendel sowie weite, von geschwungenen Parkwegen durchzogene Spiel- und Liegewiesen machen die grüne Lunge der Landeshauptstadt auch zu einem attraktiven Wohnort.

Aus der Parkanlage geht es in die von repräsentativen Häusern gesäumte Straße Drususwall, über die Salvatorstraße und in die Straße Am Rosengarten. Unter großen Platanen und an Villen vorüber gelangt man in den tatsächlichen Rosengarten, der 1925 anlässlich einer Tagung des Vereins deutscher Rosenfreunde in Mainz entstanden ist. Für eine Jubiläumsschau des Vereins wurde das Gelände 1935 umgestaltet und vergrößert. Heute befinden sich auf rund 9.500 Quadratmetern etwa 4.500 Rosen. Seit einer weiteren Umgestaltung 1962 steht das Areal unter Denkmalschutz. Eine umfassende Sanierung nach historischem Vorbild erfolgte 2013/14.

Den Ursprung des **Stadtparks** bildete eine terrassierte Parkanlage, die der von Kurfürst Lothar Franz von Schönborn errichteten Sommerresidenz Favorite den exklusiven Rahmen gab. Das Lustschloss fiel ebenso wie die in barockem Stil gestalteten Parkanlagen den Zerstörungen der Beschießung von Mainz 1793 zum Opfer.

Blühende Parkanlagen in der Oberstadt

Wiesenflächen mit Baumgruppen, durch die geschwungene Wege an Tier- und Vogelgehegen vorbeiführen, und eine Terrasse, die den Blick auf die gegenüberliegende Mündung des Mains in den Rhein ermöglicht, machen die Anlage auch heute wieder zu einem besonderen Tipp. Vorbei am Schützenbrunnen, der an das elfte Deutsche Bundesschießen in Mainz 1894 erinnert, geht es zum kleinen Tiergehege. Dieses empfiehlt sich für Familien mit Kindern genauso wie ein Besuch der Vogelhäuser im oberen Teil des Stadtparks. Schön ist auch ein Abstecher in den sich anschließenden Volkspark. Große Spielflächen mit Klettergeräten und Wasserspielen, eine Roll- und Skaterbahn, ein Parkbähnchen sowie eine Minigolfanlage lassen keine Langeweile aufkommen.

Von „Quellkartoffeln" über Drususstein zu Chagall

Ein Streifzug durch die Mainzer Historie

Wie einfach sich Kultur und Natur auf kurzer Strecke in Mainz verbinden lassen, ist auf diesem Stadtspaziergang gut zu erleben. Mit dem Dom im Rücken startet die Tour auf dem Fischtorplatz an dem im Volksmund als „Quellkartoffeln und Hering" titulierten Brunnen. Abgeleitet wird diese Bezeichnung von den zwei dicken, aus Muschelkalk bestehenden Steinkugeln (Pellkartoffeln) und den darauf thronenden, wasserspeienden Bronzefischen (Heringe).

Von „Quellkartoffeln"
über Drususstein zu Chagall

Ein Streifzug durch die Mainzer Historie

Der **Fischtorplatz** steht mit seinem Namen für den früher in Ufernähe des Rheins abgehaltenen Fischmarkt. Das für den Platz namensgebende Fischtor und die damit verbundene Stadtmauer wurden zu Gunsten einer freien Sicht auf den Dom 1847 abgerissen. Ebenso der Fischturm, der lange Zeit als Schuldgefängnis diente.

 Länge: ca. 6 Kilometer
Bus 60, 61, 90; Haltestelle Fischtor

Die weitläufige Platzanlage aus der Gründerzeit ist umgeben von Häusern aus der Epoche des Großbürgertums. Einige Bauten haben den letzten Krieg unzerstört überstanden und bestechen noch heute durch interessante architektonische Fassaden.

Vom Fischtor aus geht es rheinaufwärts

Entlang des Fuß- und Radweges oder durch die oberhalb davon parallel verlaufende, mit Skulpturen, Parkbänken und Spielmöglichkeiten bestückte Parkanlage verläuft unsere Route unmittelbar am Stresemann-Ufer rechts – und damit rheinaufwärts.

Parallel zu der baumbestandenen, erst durch Aufschüttungen als Folge der Flussbegradigung im frühen 19. Jahrhundert entstandenen Promenade zieht sich die nach Plänen von Stadtbaumeister Kreyßig zwischen 1873 und 1879 errichtete **Rheinkehlbefestigung**.

Die von Toren unterbrochene Mauer diente der Sicherung des Ufers, da Mainz zu jener Zeit als Reichsfestung eine große militärische Bedeutung hatte. Nach Auflassung der Festung Mainz 1907 verlor diese ihren Stellenwert. An dem 1843 als Teil der Rheinuferbefestigung erbauten und in das Hotel Hyatt Regency integrierten Rheinkehlturm Fort Malakoff vorüber führt der Weg an der Malakoff-Terrasse rechts in die Dagobertstraße. Die stark befahrene Rheinstraße und die Neutorstraße werden im weiteren Verlauf

Museum für Antike Schiffahrt

überquert. Von hier lohnt ein Abstecher in das **Museum für Antike Schiffahrt**.

Von 1853 bis 1884 befand sich der einstige Central-Bahnhof auf der Rheinstraße, etwa in Höhe des Holzturms. Die einzige Erinnerung daran bietet die ehemalige Eisenbahnreparaturwerkstatt. Zwischenzeitlich auch als Markthalle genutzt, hat der Forschungsbereich Antike Schiffahrt als Ableger des Römisch-Germanischen Zentralmuseums Mainz darin Raum gefunden. Neben den bei Aushubarbeiten im früheren antiken Hafenbereich 1981 gefundenen römischen Schiffswracks aus dem 1. und 4. Jahrhundert sind auch originalgetreu nachgebaute Militärschiffe der römischen Rheinflotte zu bestaunen. Besonders interessant ist die Möglichkeit, den Restauratoren und Modellbauern durch Fenster zur Werkstatt bei ihrer Arbeit zuzuschauen.

MUSEUM FÜR ANTIKE SCHIFFAHRT
Neutorstraße 2 b · 55116 Mainz
Tel.: 06131-2866316 · www.rgzm.de
Öffnungszeiten: Di. – So. 10 – 18 Uhr · Eintritt frei

Zurück auf der Hauptroute gerät in Höhe des Rotklinkerbaus der früheren, 1899 erbauten Lampenfabrik das erste Zwischenziel, die Zitadelle, in den Blick. Die Beleuchtungseinrichtungen des Reichstags sowie des Hotels Adlon in Berlin stammten aus dem früheren Werk der Eisen- und Bronzegießerei in der Dagobertstraße. Schließlich war der Gründer der auch heute noch bekannten Hotel-Dynastie Adlon, der am 29. Mai 1849 in der Seilergasse geborene Lorenz Adlon, ein Mainzer. Heute befindet sich hier u. a. der Sitz der Handwerkskammer Rheinhessen.

Links, die schmale Passage zwischen dem Altbau und dem angegliederten Neubau hindurch, wird kurz darauf über einen Zebrastreifen die Holzhof-

Einst wurde hier die Beleuchtung für das Hotel Adlon in Berlin produziert

straße überquert. Durch das Büro- und Geschäftshaus Römisches Theater geht es in das gleichnamige Bahnhofsgebäude. Ein Hinweisschild zeigt den Weg Richtung Zitadelle.

L'OSTERIA · Holzhofstraße 7 · 55116 Mainz
Tel.: 06131-6937440 · www.losteria.de
Öffnungszeiten: Mo. – Sa. 11 – 24 Uhr, Sonn- und Feiert. 12 – 24 Uhr

Schon vom Bahnhof aus sind die imposanten Ausgrabungen des antiken, **römischen Bühnentheaters** von Mogontiacum zu sehen. Es bot rund 10.000 Zuschauern Platz und war mit einer Bühnen-

Die Ausgrabungsstätte Römisches Theater befindet sich unterhalb der Zitadelle

hausbreite von 116 Metern zu seiner Zeit das größte Bühnentheater nördlich der Alpen.

Am Ende des Bahnsteigs wird über eine rechts in die Höhe abzweigende Treppe die Wilhelmiterstraße erreicht. Nach wenigen Metern geht es wieder rechts in den Zitadellenweg. Von hier ist die zur Kategorie Bühnentheater zählende Anlage in ihrer ganzen Ausdehnung zu überblicken. Nur rund 340 Meter von dem zu Ehren des römischen Feldherrn Drusus erbauten Denkmals auf dem heutigen Zitadellengelände gelegen, fanden hier außerdem Gedenkfeiern zu Ehren des 9 vor Chr. verstorbenen Oberbefehlshabers der römischen Rheinarmee statt.

Es geht auf den 1696 erbauten Kommandantenbau der **Zitadelle** zu, die als gut erhaltenes Symbol der ehemaligen Festung Mainz gilt. Zu ihren Füßen und in Richtung Altstadt wurde im Frühjahr 2007 ein aus den Sorten Riesling und Spätburgunder bestehender Prominentenweinberg angelegt. Schließlich hat der Weinbau in Mainz Tradition, seitdem die Römer vor über 2.000 Jahren in Mogontiacum die ersten Reben zur Versorgung ihrer Truppen setzten.

Durch das tunnelartige Haupttor des Kommandantenbaus erreichen wir das innere Zitadellengelände. Neben den in ehemaligen Kasernengebäuden befindlichen Verwaltungen der Stadt Mainz sind hier auch zwei Museen, das Garnisonsmuseum sowie das Stadthistorische Museum, beheimatet.

GARNISONSMUSEUM
Zitadelle · 55122 Mainz
www.festung-mainz.de
Besichtigung nur mit
Voranmeldung: 06249-7908

STADTHISTORISCHES MUSEUM
Zitadelle Bau D · 55122 Mainz
www.stadtmuseum-mainz.de
Öffnungszeiten: Fr. 14 – 17 Uhr,
Sa., So. 11 – 17 Uhr
Eintritt: 3 €, ermäßigt 1,50 €,
Kinder unter 6 Jahren frei,
Familien 5 €

Links neben dem Eingang zum Stadthistorischen Museum gerät der Drususstein in den Blick. Gemeinsam mit den Römersteinen, den Überresten einer früheren römischen Wasserleitung in Mainz-Zahlbach, zählt das ursprünglich ca. 30 Meter hohe römische Ehrenmal

Durch das Tor des Kommandantenbaus geht es in die Zitadelle

Der Drususstein – ein wichtiges Denkmal aus der römischen Geschichte von Mainz

zu den Überresten des Legionslagers Mogontiacum. Im 1. Jahrhundert n. Chr. vom römischen Heer zu Ehren des tödlich verunglückten Feldherrn und Kaiserbruders Drusus in Form eines Rundbaus errichtet, gilt es als das größte römische Grabmal in Deutschland.

Inmitten der Zitadelle befindet sich das geschmackvoll eingerichtete Café-Bistro Citadelle. Sitzmöglichkeiten gibt es drinnen wie draußen, im Angebot sind Kuchen und regionale Spezialitäten.

CAFÉ CITADELLE · Am 87er Denkmal · 55131 Mainz
Tel.: 0176-84813447 · www.citadelle-mainz.de
Öffnungszeiten: Mo. – Do. 7.30 – 17 Uhr, Fr. 7.30 – 23.30 Uhr,
Sa. 9 – 23.30 Uhr, So. 9 – 18 Uhr

Um das Gelände auf der anderen Seite zu verlassen, geht es über den Parkplatz und anschließend über eine Brücke. Der Windmühlenberg wird erreicht. Das zwischen den Weltkriegen errichtete **87er Kriegerdenkmal** erinnert an die Gefallenen seit Napoleon bis zum Ersten Weltkrieg. Außerdem interessant sind die hier platzierten

Windradturm mit Turborutsche

Reste eines **römischen Wasserbeckens** aus dem 1. und 2. Jahrhundert. Bänke bieten sich zur Rast an, ein Spielgelände mit aufregender Riesenrutsche und krönendem Windrad gibt Gelegenheit zu Spiel und Spaß. Das Spielgerät soll an die hier im 19. Jahrhundert tatsächlich gestandene, in der französischen Zeit um 1800 errichtete Windmühle erinnern. Diese stand hier bis 1840 und gab dem Hügel seinen Namen.

Über die Straße Am 87er Denkmal geht es zum Eisgrubweg. Er wird überquert und es geht weiter durch die Stefansstraße am Stephansgarten vorbei und zur zwischen 1267 und 1340 erbauten Kirche **St. Stephan**.

Die auf einer Anhöhe über der Altstadt aufragende Kirche wurde einst von Erzbischof Willigis erbaut und während des Zweiten Weltkrieges durch Bombenangriffe fast vollständig zerstört. Weit über die Grenzen der Landeshauptstadt bekannt wurde die Hallenkirche allerdings erst durch die leuchtend blauen Glasmalereien des Malers Marc Chagall (1887–1985), der insgesamt neun Fenster im Ostchor gestaltete. Sie gelten als das einzige sakrale Werk des Künstlers in Deutschland und sein letztes geschaffenes Glaskunstwerk in dieser Dimension. Mehr als 200.000 Touristen aus der ganzen Welt pilgern jährlich zu der Kirche, um die Chagall-Fenster zu bewundern. Besonders sehenswert in St. Stephan ist auch

Hereinspaziert! Der Stephansgarten

Leuchtend blaue Fenster in St. Stephan

der spätgotische Kreuzgang, zu dem es durch eine dem Haupteingang gegenüberliegenden Tür geht.

ST. STEPHAN · Kleine Weißgasse 12 · 55116 Mainz
Tel.: 06131-231640 · www.st-stephan-mainz.de
Öffnungszeiten: März bis Okt. Mo. – Sa. 10 – 17 Uhr, So. 12 – 17 Uhr
Nov. bis Feb. Mo. – Sa. 10 – 16.30 Uhr, So. 12 – 16.30 Uhr

Von der Kirche geht es über den Stefansplatz und den Stefansberg hinunter am Willigisplatz mit dem Bischöflichen Willigis-Gymnasium
vorbei und durch die Maria-Ward-Straße auf den Ballplatz mit dem
Maria-Ward-Gymnasium. Im Älteren Dalberger Hof, hinter dem
Portal mit dem großen schweren Holztor, verbirgt sich nach wenigen
Metern ein unerwartet grünes Paradies. Entsprechend oft und gerne
wird – besonders von ehemaligen Schülerinnen – in der im Garten
stehenden neuromanischen Schulkapelle Hochzeit gefeiert.

Die Route führt an dem Mädchenbrunnen vorüber zu einem Wahrzeichen der Landeshauptstadt, dem Mainzer Fastnachtsbrunnen auf dem Schillerplatz.

Rechts geht es in die Ludwigsstraße zum Gutenbergplatz. Zwischen dem Denkmal des größten Sohns der Stadt – dem Erfinder des modernen Buchdrucks mit beweglichen Metalllettern Gutenberg – und dem Staatstheater erstreckt sich die Markierung des hier verlaufenden 50. Breitengrads. Weiter geht es Richtung Dom, über das Höfchen mit seinem Brunnen auf den Markt. Zum 1.000-jährigen Domjubiläum 1975 durch die **Heunensäule** bereichert, findet hier dreimal wöchentlich der farbenprächtige Mainzer Wochenmarkt statt.

Am barocken Marktbrunnen vorüber geht es von hier Richtung Rhein auf den Liebfrauenplatz, dem ehemaligen Standort der gegenüber dem Ostchor des Domes erbauten Liebfrauenkirche. 1793 zerstört, wurde die Ruine 1807 abgebrochen. Sehenswert ist die im Kriegsjahr 1916 durch Spendengelder finanzierte Nagelsäule. Das Geld war unter anderem bestimmt für die Kriegskinderfürsorge. Jeder Spender durfte in die aus Holz bestehende Säule einen zuvor erstandenen Nagel einschlagen.

Der Mädchenbrunnen auf dem Ballplatz

Der Mainzer Fastnachtsbrunnen auf dem Schillerplatz

Markttreiben zwischen Gutenberg-Museum und Dom

Das Gutenberg-Museum, seit 1932 im Haus zum Römischen Kaiser und seit 1962 auch im angeschlossenen Erweiterungsbau an der Nordseite des Platzes beheimatet, bietet als Weltmuseum der Druckkunst einen Überblick über die Erfindungen von Johannes Gutenberg sowie einen Rundgang durch vier Jahrtausende Geschichte der Schriftkultur. Vom Liebfrauenplatz aus sind die „Quellkartoffeln mit Hering" auf dem Fischtorplatz, dem Ausgangspunkt dieser Tour, bereits zu sehen.

GUTENBERG-MUSEUM · Liebfrauenplatz 5 · 55116 Mainz
Tel.: 06131-122640 · www.gutenberg-museum.de
Öffnungszeiten: Di. – Sa. 9 – 17 Uhr, So. 11 – 17 Uhr · Eintritt: 5 €,
ermäßigt 3 €, Kinder 8 bis 18 Jahre 2 €, Familien 10 €

DRUCKLADEN IM GUTENBERG-MUSEUM · Seilergasse 1
55116 Mainz · Tel.: 06131-122686 · www.gutenberg-museum.de
Öffnungszeiten: Mo. – Fr. 9 – 17 Uhr, Sa. 10 – 15 Uhr
und nach Vereinbarung

Die Mainzer Steppe

Ein Spaziergang durch europäisches Naturerbe

Etwas versteckt hinter dem TÜV in Mainz-Gonsenheim, wo seinerzeit französische und amerikanische Truppen übten und Panzer rollten, liegt das Naturschutzgebiet Mainzer Sand. Aufgrund seiner einzigartigen Tier- und Pflanzenwelt ist das rund 150 Hektar große, am Rande des dicht besiedelten Mainzer Stadtgebietes gelegene Areal eine Besonderheit. Und zwar nicht nur im Rhein-Main-Gebiet oder in Deutschland, sondern in ganz Europa.

Die Mainzer Steppe

Ein Spaziergang durch europäisches Naturerbe

Auf einem mit aufschlussreich gestalteten, informativen Tafeln versehenen Rundweg lässt sich ein besonderes Stück Kulturlandschaft inmitten von Besiedelung, Industrie und Verkehr erleben.

 Länge: ca. 2,5 Kilometer
Bus 62, 76, 92; Haltestelle Obere Kreuzstraße

Der Zugang zum Naturschutzgebiet **Großer Sand** ist von verschiedenen Stellen möglich. Die hier empfohlene Tour startet aufgrund der guten Erreichbarkeit vom gegenüber des Mombacher Schwimmbades gelegenen Parkplatz an der Oberen Kreuzstraße. Auf dem gemeinsamen Geh- und Radweg geht es rechts an den Sporthallen und

![Karte der Mainzer Steppe mit Naturschutzgebiet Mainzer Sand, Mombach und Gonsenheim]

Naturschutz-
gebiet
Mainzer Sand

643

Mombach

Naturschutzgebiet
Mainzer Sand

Westring

Obere Kreuzstraße

Ausfahrt
Mainz-Gonsenheim

Schwimm-
bad

P

Tennis-
plätze

Tennis-
halle

P

Sport-
halle

Erzberger-
straße

K 18

Ordnungsamt

Waldfriedhof

Kinder-
garten

TÜV

An der Krimm

0   200 m

Gonsenheim

Weiter Himmel über der Kulturlandschaft

Tennisplätzen vorbei. Der Wegweiser mit der Aufschrift „DJK Tennisverein" weist in die richtige Richtung.

Unmittelbar am Zugang des umzäunten Geländes erwarten Besucher drei Hinweistafeln. Ein Lageplan informiert über die Bedeutung des Naturschutzgebietes in dem Ballungsgebiet zwischen Mainz, Wiesbaden und Frankfurt sowie über die Naherholung und den Naturschutz.

Nach Durchlaufen des kleinen Wäldchens öffnet sich der Blick über den Großen Sand und eine weitere Tafel informiert über die nun erlebbare, während der letzten Eiszeit vor etwa 18.000 Jahren entstandene Dünenlandschaft.

Zwischen Gonsenheim und Mombach konnten sich aufgrund der klimatisch besonders günstigen Lage und wegen der kalkhaltigen Flugsanden seltene Steppen- und Sandpflanzen wie Adonisröschen, Federgräser oder Sand-Lotwurz entwickeln. Der Mainzer Sand zählt zum Rest eines Flugsandgebietes, das sich vor etwa 18.000 Jahren von Gau-Algesheim über Ingelheim und Mainz bis nach Darmstadt und Heidelberg zog. Die Pflanzenwelt des Mainzer Sandes ist international bekannt.

Spannende Kontraste – Natur und Urbanisation

Verschlungene Wege führen durch die Landschaft

Wir halten uns rechts und wandern entlang des Hauptweges vorüber an offenen Grasflächen, einer Mischung aus niedrigen Kiefern und Laubbäumen, Steppen- und Sandpflanzen sowie Ruhebänken. Gut ein Viertel der rund 180 hier beheimateten Pflanzen sind auf der Roten Liste der vom Aussterben bedrohten Pflanzen zu finden. Für Interessierte kann ein Buch zum Bestimmen der vielen verschiedenen Pflanzenarten hilfreich sein. Alternativ klärt am Wegesrand eine Tafel mit der Überschrift „Vegetation" über die besondere Flora auf.

Es geht auf ein kleines Wäldchen zu, in dem wir uns an der ersten Weggabelung links halten. Schon nach wenigen Metern lichten sich die Bäume und der Blick wird frei auf die je nach Windverhältnissen mehr oder weniger stark zu hörende Autobahn und den gegenüberliegenden Rheingau. Entlang des feinsandigen Wegs spazieren wir im großen Bogen links, der kargen Steppenlandschaft entgegen, die aufgrund der sich stets offenbarenden Kontraste eine besondere Faszination ausübt. Hier fühlen sich auch unterschiedliche Tiere wohl. So ist im Sommer das Zirpen zahlreicher Heuschrecken zu hören. Oft zu beobachten ist die im Flug farbenprächtige, blauflügelige Ödlandschrecke.

Am Ende des Sandweges befindet sich die letzte Tafel des hier beschriebenen Rundweges „Der Mainzer Sand – ein europäisches Naturerbe".

Wir halten uns erneut links, gehen an der bereits bekannten Tafel „Dünenlandschaft" vorüber und erreichen auf dem gegenüberliegenden Pfad in das kleine Wäldchen wieder den Ausgang.

★ TIPP ★ Bei einer Führung des Arbeitskreises Umwelt durch die Steppe oder einem Besuch im Botanischen Garten der Johannes-Gutenberg-Universität kann mehr über die besondere Pflanzenwelt des Mainzer Sandes erfahren werden. Schließlich entstand bereits um 1950 die erste Steppenanlage im Botanischen Garten. Neben asiatischen Steppenpflanzen wurden hier auch schon die typischen Pflanzen des Mainzer Sandes angepflanzt.

Bei der Erweiterung des Botanischen Gartens 1982 wurde eine großflächige Nachbildung, mit aus der Grube der Budenheimer Glashütte im Gonsenheimer Wald stammendem Sand, des Mainzer Sandes geschaffen. Diese wurde im Zuge der neuerlichen Umgestaltung im Frühjahr 2006 in den Kernbereich des Gartens verlagert. Damit können die teilweise sehr seltenen Pflanzen des Mainzer Sandes besonders gut vermehrt und bewahrt werden.

Weitere Informationen s. S. 73.

Ein Streifzug entlang der Türme, Mauern und Bastionen

Mainz als Festungsstadt

Weitläufige Festungsanlagen bestimmten über drei Jahrhunderte das Stadtbild. Viele Bauwerke der früheren Festung
Mainz tun dies auch heute noch. Diese Route zeigt einen
Querschnitt eines besonders wichtigen Teils der Stadtgeschichte.

Ein Streifzug entlang der Türme, Mauern und Bastionen

Mainz war auch Festungsstadt

 Länge: ca. 5 Kilometer
Bahn 50, 52, 53 / Bus 28, 54-57, 60-63, 90 – 92, 99; Haltestelle Schillerplatz

Dass Mainz und das Militär untrennbar zusammengehören, stellte schon Johann Wolfgang von Goethe fest. Der Dichter war in seiner Funktion als Weimarer Minister zwischen Mai und Juli 1793 offizieller Beobachter der zum zeitgenössischen Schauspiel gewordenen Belagerung der Stadt. Seine damalige Erkenntnis: „Der Bewohner von Mainz darf sich nicht verbergen, dass er für ewige Zeiten einen Kriegsposten bewohnt: alte und neue Ruinen erinnern ihn daran."

Bereits die Römer hatten eine standhafte, rund vier Kilometer lange Wehrmauer zur Verteidigung erbaut. Auf die römischen Fundamente folgte eine mittelalterliche Verteidigungsanlage. Schwedische Besatzungstruppen begannen schon während des Dreißigjährigen Krieges 1631 mit dem Bau von Verteidigungswerken, die sich vor den mittelalterlichen Bauring legten. Kurfürst Johann Philipp von Schönborn baute nach Ende des Dreißigjährigen Krieges die Stadt zur Festung aus. 16 Bastionen, die sich sternenförmig in einem regelmäßigen Festungsgürtel um die Stadt legten, wurden zwischen 1655 und 1675 errichtet.

Ein empfehlenswerter Start dieser Route ist das **Proviant-Magazin** in der Schillerstraße. Es fällt durch seine massive Bauweise aus Sandstein auf. Im Verlauf des Zweiten Weltkrieges unzerstört geblieben, ist es heute das einzige gut erhaltene Denkmal aus der Zeit der Bundesfestung. Deren Funktion bestand in erster Linie in der Sicherung der Westgrenze gegen Frankreich. Das Proviant-Magazin wurde zwischen 1863 und 1867 von den damals neben den Preußen in Mainz stationierten Österreichern erbaut, wie das Wappen Öster-

reichs auf der Stirnseite des Gebäudes zur Schillerstraße hin zeigt. In erster Linie als Getreidespeicher bzw. Nahrungsmittellager errichtet, zählt es zu den wenigen noch bestehenden Militärbauten des Deutschen Bundes.

Nur knapp dem Abriss entgangen, beherbergt der von vier Ecktürmen dominierte Militärbau seit 2004 neben Eigentumswohnungen das Mainzer Fastnachtsmuseum, in dem rund 170 Jahre Mainzer Fastnachtsgeschichte zu erleben sind. Außerdem haben das Deutsche Kabarettarchiv sowie die Rheinhessenvinothek und Wirtschaft Proviantamt dort ein Zuhause gefunden.

PROVIANTAMT Rheinhessenvinothek & Wirtschaft
Schillerstraße 11 a · 55116 Mainz
Tel.: 06131-9061600 · www.proviant-magazin.de
Öffnungszeiten: Di. – Sa. 9 – 24 Uhr, So. 10 – 15.30 Uhr,
Vinothek Di. – Fr. 15 – 23 Uhr, Sa. 11 – 23 Uhr

Der Klepperbub weist den Weg ins Fastnachtsmuseum

Sinnbild für die Mainzer Lebensart: der Schoppestecher

FASTNACHTSMUSEUM
Neue Universitätsstraße 2
55116 Mainz
Tel.: 06131-1444071
www.mainzer-
fastnachtsmuseum.de
Öffnungszeiten:
Di. – So. 11 – 17 Uhr
Eintritt: 2,50 €, ermäßigt 1 €

Unmittelbar neben dem ehemaligen Festungsgemäuer befindet sich eine anlässlich der 2.000-Jahr-Feier der Stadt 1963 aufgestellte Bronzefigur, der Schoppestecher. Der fröhliche kleine Herr mit typischer Mainzer Weinstange in der Hand ist

Im ehemaligen Adelspalais Hof Schönborn ist heute das Institut Français zuhause

ein beliebtes Fotomotiv und Sinnbild für die Lebensfreude der Mainzer.

Die Route führt Richtung **Schillerplatz**, wo seinerzeit bevorzugt die hochadeligen Familien der Kurfürsten, Domherren und Staatsbediensteten bauten.

Das repräsentative Schillerdenkmal wurde 1859 von Mainzer Bürgern zum 100. Geburtstag des Schriftstellers gestiftet.

Während der warmen Jahreszeit ist das Rauschen des fast neun Meter hohen, mit über 200 Einzelfiguren bestückten

Der Mainzer Fastnachtsbrunnen zählt zu den Wahrzeichen von Mainz

Fastnachtsbrunnens über den ganzen Platz zu hören. Der bronzene Narrenturm ist optischer Mittelpunkt des Schillerplatzes und zählt zu den Wahrzeichen der Stadt. Jedes Jahr wird hier am 11.11. der Beginn der närrischen fünften Jahreszeit verkündet und gebührend gefeiert.

In unmittelbarer Nachbarschaft befindet sich der 1749 als Familienpalais für den Kurfürsten Johann Friedrich Karl von Ostein erbaute Osteiner Hof. Über die Jahrhunderte hinweg hat das Gebäude als Sitz des jeweiligen Machthabers von Mainz gedient und damit einen festen Platz in der Festungsgeschichte eingenommen. Im Mainzer Sprachgebrauch ist das repräsentative Gebäude aufgrund seiner Nutzung durch den späteren Kaiser Wilhelm I. als Gouverneur von Mainz 1854 bis 1859 auch als das „Governement" bekannt. Der Osteiner Hof fungierte von 1958 bis 2014 als Standortkommandantur der Bundeswehr und wird heute multifunktional, in erster Linie jedoch als Wohnraum genutzt.

Links geht es daran vorbei Richtung **Ballplatz**, zu einem etwas versteckt am Rand liegenden steinernen Zeugnis der Festungszeit.

Über 470 Meter weit wurde der Stein bei der Pulverturm-Explosion geschleudert

Bei dem hier links am Eingang des Platzes befindlichen Felsbrocken handelt es sich um einen 700 Kilogramm schweren Giebelstein. Als es 1875 zu einer Explosion von über 200 Zentnern Sprengstoff und unzähliger Granaten im als Pulverturm genutzten Martinsturm (einem Teil der früheren dreiteiligen Gautorbefestigung in der Mainzer Oberstadt) kam, wurde ein großer Stein bis auf den Ballplatz katapultiert. Hier erinnert er bis heute an den verheerenden Vorfall, bei dem 153 Menschen starben.

Nach dem Ballplatz mit seinem Mädchenbrunnen sowie dem Älteren Dalberger Hof, in dem die Maria-Ward-Schule beheimatet ist, geht es rechts die Maria-Ward-Straße hinauf. Über den Willigisplatz und am angrenzenden Willigis-Gymnasium vorüber, spazieren wir – schon die **Kirche St. Stephan** mit ihren weithin berühmten Chagall-Fenstern im Blick – weiter den Stefansberg hinauf.

ST. STEPHAN
Kleine Weißgasse 12
55116 Mainz
Tel.: 06131-231640
www.st-stephan-mainz.de
Öffnungszeiten: März bis
Okt. Mo. – Sa. 10 – 17 Uhr,
So. 12 – 17 Uhr · Nov. bis Feb.
Mo. – Sa. 10 – 16.30 Uhr,
So. 12 – 16.30 Uhr

Nach einem Besuch der gotischen Hallenkirche mit ihrem beeindruckenden Kreuzgang und einer Besichtigung des ein-

St. Stephan ist die zweitgrößte Mainzer Kirche nach dem Dom

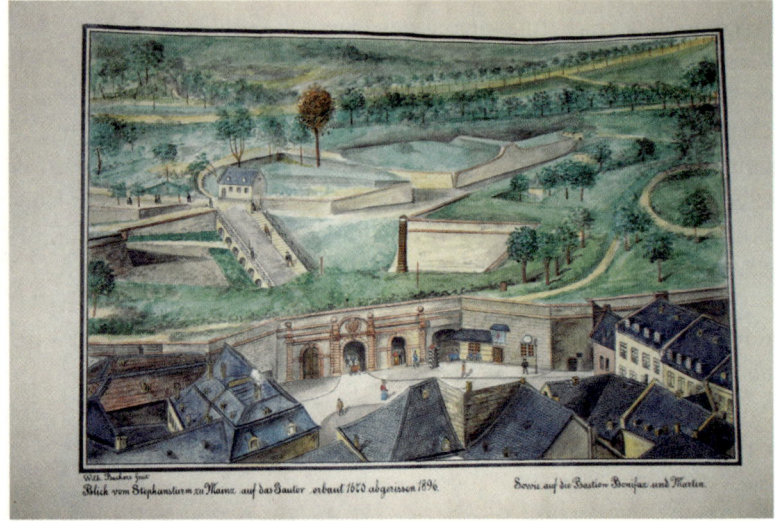

Dieser zeitgenössische Stich zeigt die früher weitläufigen Festungsanlagen vor dem Gautor

zigen sakralen Kunstwerks von Chagall in Deutschland, gelangen wir vom Vorplatz, dem Stefansplatz, links in die Kleine Weißgasse. Von dort geht es bald rechts durch die Große Weißgasse Richtung Gaustraße. Am oberen Ende fällt der Blick auf die Fassade des äußeren Gautors. Befindet sich das Original heute im Landesmuseum Mainz, ist eine Kopie seit 1998 wieder in der Nähe seines ursprünglichen Platzes in der Straßenmitte zu sehen. Unter Kurfürst Johann Philipp von Schönborn wurde im Rahmen des Ausbaus der Festungsanlagen ein gemauerter Querwall mit einer Durchfahrt angelegt. Fassaden schmückten die Durchfahrt in Richtung Land (Gau = Land, Gegend) sowie in Richtung Stadt. Den Giebel des Tores schmückt das Motiv des heiligen Martin mit zwei Bettlern, ebenfalls eine Kopie.

★ TIPP ★ Vom Gautor aus bietet sich ein Abstecher zu der über der Altstadt thronenden Zitadelle an. Der Weg dorthin führt durch den Eisgrubweg. Die seit 1907 unter Denkmalschutz stehende Zitadelle zählt mit dem Dom zu den bedeutendsten historischen Bauwerken der Landeshauptstadt. Um die Stadt besser verteidigen zu können, wurde die frühere, 1629 unter Kurfürst Georg Friedrich von Greiffenklau vollendete Schweickhardtsburg zwischen 1655 und 1661 in eine Zitadelle als Festungskommandantur umgebaut und stellte damit eine Festung in einer befestigten Stadt dar. Mainzer Militärgeschichte lässt sich hier auf engstem Raum erleben. Sehenswert ist der Drususstein, zu Ehren des tödlich verunglückten Feldherren Drusus vom römischen Heer im 9. Jahrhundert n. Chr. errichtet. Interessant sind auch die Kasernenbauten aus der Bundesfestungszeit im 19. Jahrhundert sowie die Luftschutzräume aus der Zeit des Zweiten Weltkrieges. Außerdem sind das Museum für Stadtgeschichte, das Garnisonsmuseum sowie verschiedene städtische Ämter heute hier untergebracht.

Am Gautor geht es die zweite Möglichkeit rechts, in die Bastion Martin. Die Straße Am Pulverturm ist nach dem früher hier in die Bastion integrierten Martinsturm benannt, der 1857 explodierte. Die Reste der barocken Wehrschanze aus dem 17. Jahrhundert, in dem das österreichische Pulvermagazin während der Bundesfes-

Bis heute befinden sich hier die Spuren von Fuhrwerken

tungszeit untergebracht war, sind leider nahezu komplett eingewachsen und damit kaum mehr erkennbar.

Der Straße Bastion Martin rechts weiter folgend geht es anschließend durch die Germanikusstraße in die über der Stadt thronende und in unmittelbarer Nachbarschaft zur Sektkellerei Kupferberg befindliche Wohnanlage Auf dem Kästrich. Ein Wegweiser führt Richtung **Römertor**. Hier sind die bei Bauarbeiten für die Wohnanlage 1982 entdeckten Überreste der Wehrmauer sowie des einstigen spätrömischen Stadttors aus der Zeit um 360 zu besichtigen. Die Spuren der hier früher passierenden Römerwagen im Straßenbelag sind in der vertieft liegenden Ausgrabung noch heute gut sichtbar und ein besonders lebendiger Beleg der Zeitgeschichte.

Repräsentativ zeigt sich die 1850 gegründete Sektkellerei Kupferberg

Der Alexanderturm

Von hier lohnt ein kurzer Abstecher zu dem auf Fundamenten aus römischer Zeit stehenden Alexanderturm (zwischen Augustusstraße und Kupferbergterrasse) mit einer hoch gelegenen, früher zu einem Wehrgang führenden Tür. Der am Rand des Gartens der Sektkellerei gelegene Rundturm stellte einen wichtigen Eckpunkt früherer Stadtmauern dar.

Die 1850 gegründete Sektkellerei Kupferberg selbst befindet sich in den Gebäuden der früheren Alexander-Kaserne, die zwischen 1863 und 1865 im Rücken der benachbarten Bastion Alexander erbaut und 1900 an die Sektkellerei verkauft wurde. Sie bot Platz für 200 Soldaten. Die bereits bestehenden, auf die Römerzeit zurückgehenden Kelleranlagen wurden mit 60 Kellern in sieben Etagen unter der Erde zu den am tiefsten geschichteten Kellern der Welt weiterentwickelt. Die Teilnahme an einer der regelmäßig angebotenen Führungen durch die repräsentativen Räumlichkeiten sowie die Kelleranlagen ist empfehlenswert.

KUPFERBERGTERRASSE · Kupferbergterrasse 17–19 · 55116 Mainz
Tel.: 06131-570667 · www.kupferbergterrasse.com
Führungen: Termine im Internet sowie auf Anfrage

Schräg gegenüber der Bastion Alexander befindet sich auf massiven Mauern ein Villenensemble, in dem heute der Sitz der rheinland-pfälzischen Stiftung zur Förderung junger Musiker (Villa Musica) und das Gästehaus der Landesregierung untergebracht ist.

Zurück am Römertor weist ein durch die Wohnanlage Auf dem Kästrich führendes Schild Richtung Innenstadt. Von der Terrasse aus lohnt ein Blick über Dächer und Kirchtürme, auch die des Doms.

1793, während Goethes Aufenthalt in seiner Funktion als Kriegsberichterstatter im dahinsinkenden „goldenen Mainz", zerschoss eine Armee aus hessischen, sächsischen, preußischen und österreichischen Soldaten die von 23.000 Soldaten besetzte Hauptstadt des vergehenden Alten Reiches. „Fortgesetztes Bombardement gegen den

Dom…, die herrliche Stadt untröstlichen Anblicks", notierte Goethe, der seinerzeit beobachten und darüber berichten musste, wie die Belagerungsarmee Mainz in Brand schoss.

Während die Festungsbauwerke davon weitestgehend unberührt blieben, gingen prachtvolle Bauwerke wie die Liebfrauenkirche oder das Lustschloss Favorite dabei verloren. Vor allem die 16-jährige Besetzung durch die Franzosen von 1798 bis 1814 hatte zu einer Militarisierung von Mainz geführt. Die Stadt war besonders für Frankreich eine wichtige Grenz- und Offensivfestung geworden. Die 300-jährige Geschichte von Mainz als Festungsstadt endete erst 1918 mit den Versailler Verträgen.

Über eine Treppenanlage geht es hinab in die Emmerich-Josef-Straße. Dort spazieren wir zum Schillerplatz. Links geht es in die Schillerstraße und nach wenigen Metern wieder links in die Münsterstraße am Unterhaus vorbei, das in Deutschland einen Namen als

Blick vom Kästrich über die Dächer von Mainz

eines der bedeutendsten Zentren für Kleinkunst hat. Seit seiner Eröffnung 1966 werden hier Kabarett, Lied und Chanson, Comedy sowie alle Mischformen der Kleinkunst gepflegt.

Am Romano-Guardini-Platz stehend fällt der Blick auf das Proviant-Magazin, dem Ausgangspunkt unseres Stadtspaziergangs.

Der Romano-Guardini-Platz

Durch das römische Mogontiacum
Die Antike lässt sich in Mainz auch in der Gegenwart erleben

In Mainz sind besonders viele kleine und größere Denkmäler aus der Zeit der Antike zu entdecken. Der hier beschriebene Stadtrundgang beschränkt sich auf die gut zu Fuß miteinander zu verbindenden Höhepunkte in der Mainzer Innenstadt.

Durch das römische Mogontiacum

Die Antike lässt sich in Mainz auch in der Gegenwart erleben

„Mogontiacum", wie Mainz zur Zeit der römischen Antike bezeichnet wurde, zählte zu den bedeutendsten römischen Legionärslagern nördlich der Alpen. So kann die Stadt heute auf eine mehr als 2.000-jährige Geschichte zurückblicken. Die Blütezeit des römischen Mainz begann im Jahr 13./12. v. Chr. und währte bis zur Mitte des 5. Jahrhunderts.

Länge: ca. 5 Kilometer
Bus 6, 9, 28, 54–57, 68, 70, 91, 99; Haltestelle Landtag

Die Tour startet auf dem Ernst-Ludwig-Platz am **Dativius-Victor-Bogen**, der Rekonstruktion eines Römischen Ehrenbogens aus dem

3. Jahrhundert. Vermutlich wurde das Denkmal von einem römischen Kaufmann als Dank für die Aufnahme in die Stadt nach dem Zusammenbruch der rechtsrheinischen Limesgebiete gespendet. Das Original wurde zwischen 1898 und 1911 ausgegraben und zusammengefügt. Es befindet sich in der Steinhalle im Landesmuseum.

Über die Große Bleiche führt unser Weg auf den Deutschhausplatz zu der aus Neros Zeiten (37–68 n. Chr.) stammenden **Jupitersäule**. Das im nicht weit entfernten Landesmuseum stehende Original wurde 1905, in nicht weniger als 2.000 Einzelteile zerlegt, geborgen. In der Nähe des Zollhafens, dem Fundort der Säule in der Mainzer Neustadt, befand sich einst der römische Hafen. Die Reliefs von 28 gallo-römischen Gottheiten schmücken die Säule, die ursprünglich von einer überlebensgroßen Jupiterstatue aus vergoldeter Bronze gekrönt wurde.

Über den rechts daran vorbeiführenden Fußweg gelangen wir über den Platz der Mainzer Republik vor dem Landtag und der Staatskanzlei Rheinland-Pfalz und dann über den Deutschhausplatz in die Mitternachtsgasse. Nach Querung der Bauerngasse wird der Karmeliterplatz erreicht. Hier geht es links in die Karmeliterstraße, dann rechts in die Löhrstraße.

Vor dem Hilton-Hotel ist der Vorderteil eines römischen Kriegsschiffes aus dem 4. Jahrhundert zu sehen. Die Fragmente des Originals wurden 1982 gemeinsam mit anderen Relikten an dieser Stelle im Bereich des römischen Rheinhafens ausgegraben. Es handelte sich dabei um Grenzsicherungsschiffe, die

Der Dativius-Victor-Bogen

Ausgrabungsstelle Löhrstraße

den Rhein nach dem Fall des Limes als natürliche Grenze sicherten. Die römischen Hafenanlagen befanden sich in etwa dort, wo heute die Rheinstraße verläuft. Die Außenwand des rund 20 Meter langen Schiffes war ursprünglich ca. 1,20 Meter hoch. Der Mastspant zeigt, dass das Schiff ein Segel trug.

Römischer Meilenstein

Weiter geht es durch die Hintere Christofsgasse Richtung St. Christoph und dann in die Schusterstraße. Hier geht es links und nach wenigen Metern rechts in die Betzelsstraße. In deren Verlauf kommen wir nun unmittelbar auf den **römischen Meilenstein** vor dem Kleinen Haus zu. Gefunden wurde die Distanzsäule zu einer Römerstraße in vier Metern Tiefe beim Bau des Kleinen Hauses.

Von hier aus geht es links und weiter durch die Fuststraße, bis zur Ludwigsstraße. Wir spazieren rechts und überqueren in Höhe der Deutschen Bank die Weißliliengasse. Schräg links, im Durchgang zum Ballplatz, befinden sich zwei römische Weihaltäre. Die beiden Altäre sind Zeugnisse römischer Kultstätten. Es wird vermutet, dass

Römische Weihaltäre

sie dem persischen Lichtgott Mithras geweiht wurden. Der Kult des Mithras wurde im 2. Jahrhundert von römischen Legionären nach Mainz gebracht. Da er eine große Ähnlichkeit mit dem auch zu jener Zeit aufkommenden Christentum besaß, trat er mit diesem in Konkurrenz.

★ **TIPP** ★ Vom Ballplatz aus lohnt der Abstecher zur Zitadelle. Durch die Maria-Ward-Straße geht der Spaziergang zum Willigisplatz. Von hier die kleine Treppenanlage hinauf zur Stefansstraße. Links in Richtung Eisgrubweg. Genau gegenüber führt die Straße 87er Denkmal auf die Zitadelle. Hier befindet sich das älteste Zeugnis der Stadt aus der Römerzeit, der Drususstein. Im 9. Jahrhundert n. Chr. wurde dieser zu Ehren des tödlich verunglückten Feldherren Drusus vom römischen Heer errichtet. Nur wenige Meter von dieser Stelle entfernt befindet sich die Ausgrabungsstätte des größten antiken Bühnentheaters nördlich der Alpen!

Über den Ballplatz mit seinen Cafés geht es zum Schillerplatz. Am Rand der Grünanlage vor dem Proviant-Magazin in der Schillerstraße befindet sich die Rekonstruktion einer römischen Fußbodenheizung sowie eines römischen Ziegelfußbodens. Während der Bauarbeiten an der Tiefgarage zum Proviantamt wurden 1979 die Reste eines römischen Wohnhauses aus dem 3. oder 4. Jahrhundert n. Chr. geborgen.

PROVIANTAMT Rheinhessenvinothek & Wirtschaft
Schillerstraße 11 a · 55116 Mainz
Tel.: 06131-9061600 · www.proviant-magazin.de
Öffnungszeiten: Di. – Sa. 9 – 24 Uhr, So. 10 – 15.30 Uhr,
Vinothek Di. – Fr. 15 – 23 Uhr, Sa. 11 – 23 Uhr

Das Isis- und Mater Magna-Heiligtum

Durch die Kleine Langgasse geht es Richtung Große Langgasse. Diese wird überquert und der Spaziergang führt weiter durch die Welschnonnengasse und zur Römerpassage. Hier befindet sich eine beeindruckende museale Inszenierung des **Isis- und Mater Magna-Heiligtums**, einer früheren Kultstätte. Die Fundamente des römischen Tempels wurden 2000/2001 bei Aushubarbeiten für die Tiefgarage der Römerpassage entdeckt. Der Tempel wurde vermutlich bis ins 3. nachchristliche Jahrhundert genutzt und ist der altägyptischen Gottheit Isis sowie der römischen Magna Mater geweiht. Weil nördlich der Alpen bisher nur ein einziges weiteres „Isarium" gefunden wurde, gilt der Fund als wissenschaftliche Sensation und ist nun in einem eigenen Schauraum in der Römerpassage zu besichtigen.

TABERNA ARCHAEOLOGICA und Heiligtum der Isis und Mater Magna
Römerpassage 1 · 55116 Mainz
Tel.: 06131-6007493 · www.roemisches-mainz.de
Öffnungszeiten: Mo. – Sa. 10 – 18 Uhr · Eintritt frei

Aus der Römerpassage heraus geht es nun geradeaus durch die Fußgängerzone (Lotharstraße) weiter Richtung einer der Mainzer Hauptverkehrsadern, der Großen Bleiche. Wir halten uns rechts Richtung Kirche St. Peter. Das über dem Eingang des Landesmuseums thronende goldene Pferd weist den Weg in eines der ältesten Museen Deutschlands. Es ist im ehemaligen kurfürstlichen Marstall, der Golden-Ross-Kaserne, beheimatet und beherbergt die bedeutendste Kunstsammlung des Landes Rheinland-Pfalz.

Aus der Zeit des römischen Mogontiacum wird hier eine Vielzahl von Exponaten ausgestellt. Beeindruckend sind vor allem die monumentalen Steindenkmäler in der sogenannten Steinhalle, wo u. a. auch die Originalfunde der Mainzer Jupitersäule und des Dativius-Victor-Bogens zu besichtigen sind. Ebenfalls unbedingt sehenswert sind der „Mainzer Römerkopf" eines Angehörigen des julisch-claudischen Kaiserhauses und der Bronzekopf der keltischen Göttin Rosmerta.

LANDESMUSEUM MAINZ · Große Bleiche 49–51 · 55116 Mainz
Tel.: 06131-2857210 · www.landesmuseum-mainz.de
Öffnungszeiten: Di. 10 – 20 Uhr, Mi. – So. 10 – 17 Uhr
Eintritt: 6 €, ermäßigt 3/5 €, Kinder bis 6 Jahre frei, Familien 12/6 €

Landesmuseum

Service

Adressen und Angebote

Service

Adressen und Angebote

Wo gibt es Auskünfte und Prospekte, mit welchem Verkehrsmittel kommt man wohin, wie und wo wird in Mainz gefeiert? Hier erfahren Sie es.

Tourist-Information

TOURIST SERVICE CENTER im Brückenturm
Rheinstraße 55 · 55116 Mainz
Tel.: 06131-242888 · www.touristik-mainz.de
Öffnungszeiten: Mo. – Fr. 10 – 17 Uhr, Sa. 10 – 16 Uhr

TOURIST SERVICE CENTER im Landesmuseum Mainz
Große Bleiche 49 –51 · 55116 Mainz
Tel.: 06131-2857191 · www.touristik-mainz.de
Öffnungszeiten: Di. 10 – 20 Uhr, Mi. – So. 10 – 17 Uhr

Anreise

Mit dem Auto
Die Mainzer Innenstadt ist auf vielen Wegen zu erreichen:
Aus dem Norden: A 643 · Aus dem Süden: A 63
Aus dem Osten: A 60 · Aus dem Westen: A 60, L 419/Saarstraße

Mit dem Zug
Nach Mainz gibt es zahlreiche Direktverbindungen mit der Bahn. Die Fahrtzeiten aus Berlin oder Hamburg betragen für die einfache Strecke ca. fünf Stunden, aus München kommend werden ca. vier Stunden benötigt.

Mit dem Flugzeug

Täglich wird der Flughafen Frankfurt von allen großen Städten aus angesteuert. Vom Flughafen aus verkehren mehrmals stündlich Züge.

In Mainz unterwegs

Taxi

Größere Taxistände sind am Mainzer Hauptbahnhof, Höfchen sowie Bahnhof Römisches Theater.
TAXIZENTRALE MAINZ · Tel.: 06131-910910 · www.taxi-mainz.de

Öffentliche Verkehrsmittel

Infos zu Bus und Bahn
MAINZER VERKEHRSGESELLSCHAFT MBH (MVG)
RMV-Mobilitäts-Beratung im Verkehrscenter Mainz
Bahnhofsplatz 6 a · 55116 Mainz
Tel.: 06131-127777 · www.mvg-mainz.de
Öffnungszeiten: Mo. – Fr. 7 – 19 Uhr, Sa. 9 – 14 Uhr

Unterwegs mit MVGmeinRad

Das Fahrradvermietsystem von MVGmeinRad bietet mit über 100 Stationen 24 Stunden am Tag größte Flexibilität. Allerdings muss man sich im Vorfeld einmalig online registrieren und braucht dann eine Kundenkarte, die im Verkehrscenter Mainz erhältlich ist.

Schifffahrt

Die Region um Mainz lässt sich hervorragend per Schiff erkunden. Vorbei geht es dabei an Burgen und Schlössern, das Mittelrheintal entlang oder auf dem Main hinauf Richtung Frankfurt.
KÖLN-DÜSSELDORFER DEUTSCHE RHEINSCHIFFAHRT AG
Tel.: 06131-232800 · www.k-d.com

FRANKFURTER PERSONENSCHIFFAHRT ANTON NAUHEIMER GMBH
Tel.: 069-1338370 · www.primus-linie.de

BEST OF MAINZ TOUR-AGENTUR

Sie möchten Mainz aus einer ganz neuen Perspektive entdecken? Die Autorin dieses Buches ist gebürtige Mainzerin und kennt die Stadt wie ihre Westentasche. Statt geschichtlicher Daten und Zahlen stehen Unterhaltung sowie die kulturelle und kulinarische Vielfalt der Stadt im Vordergrund.

Tel.: 0170-9908340
www.best-of-mainz.com/stadtfuehrungen/
Bürozeiten: Mo. – Fr. 9 – 18 Uhr

GEOGRAPHIE FÜR ALLE E. V.

Geographie für Alle hat sich zum Ziel gesetzt, universitäres Wissen einer breiten Öffentlichkeit zugänglich zu machen. Hintergrundinformationen und Zusammenhänge stehen im Zentrum des vielfältigen Angebots an Stadtführungen und Stadtrundgängen, Stadtrallyes, Stadtspielen, Erlebnisführungen und Naturerlebnissen.

Johannes Gutenberg-Universität Mainz
Jakob-Welder-Weg 11 · 55128 Mainz
Tel.: 06131-3925145 · www.geographie-fuer-alle.de
Bürozeiten: Mo., Do. 15 – 17 Uhr, Di. 17 – 19 Uhr, Fr. 12.30 – 13.30 Uhr

GÄSTEFÜHRERVERBAND MAINZ E. V.

Ein reiches Angebot an Stadtführungen, Stadtrundgängen und Stadtrallyes für Erwachsene und Kinder bieten die Mainzer Gästeführer in ihrem Programm.

www.gaestfuehrungen-mainz.de

ZDF & SWR

In kostenfreien Führungen können Sie einen Blick hinter die Kulissen werfen.

ZDF-Zuschauerredaktion · 55100 Mainz
Tel.: 06131-7014972 · www.zdf.de
Anmeldung erforderlich

SWR Besucherführungen SWR Funkhaus Mainz
Am Fort Gonsenheim 139 · 55122 Mainz
Tel.: 06131-92932291 · www.swr.de
Anmeldung erforderlich

Familie

Ein Kinderstadtplan führt Kinder und Jugendliche zu den schönsten Spielplätzen und Treffpunkten der Stadt. Er ist in allen Ortsverwaltungen, Kinder- und Jugendeinrichtungen und beim Jugendamt der Stadt Mainz kostenlos erhältlich.
www.jugend-in-mainz.de

In der Mainzer Innenstadt gibt es einige interessante Spielplätze (Badergasse, Windmühlenberg, Hopfengarten). Besonders beliebt sind aber auch der großzügige Volkspark (Bus 62, 63, 92) sowie der Hartenbergpark (Bus 64, 65 und 91) mit Liegewiesen, vielfältigen Spielmöglichkeiten und Wasserspielplätzen.

Einen erfrischenden Familienspaß bieten außerdem Mainzer Hallen- und Freibäder. Museumspädagogische Angebote in den Museen runden die Angebote ab.

RHEIN-MAIN-FAMILIEN- UND JUGENDGÄSTEHAUS

Eine günstige und aufgrund ihrer Lage besonders attraktive Variante für Familien mit Kindern oder Jugendgruppen ist ein Kurzurlaub in der Rhein-Main-Jugendherberge, dem unmittelbar am Volkspark und damit im Grüngürtel der Stadt gelegenen modernen Jugendgästehaus.
Otto-Brunfels-Schneise 4 · 55130 Mainz
Tel.: 06131-85332 · www.diejugendherbergen.de

Mainz ist Weinstadt und gemeinsam mit der angrenzenden Weinregion Rheinhessen Mitglied im „Great Wine Capitals"-Netzwerk. Es handelt sich dabei um einen Zusammenschluss von Weinbaugroßstädten mit den umgebenden Weinbauregionen. Dazu zählen beispielsweise San Francisco und Napa Valley, Florenz und Toskana, Bordeaux und die Region Bordeaux, Bilbao und Rioja, Porto und das Dourotal, Kapstadt sowie Mendoza.

Im Juni 2008 hat die Mitgliederversammlung der „Great Wine Capitals" (GWC) auch die Stadt Mainz und die umliegende Weinregion Rheinhessen in ihren erlesenen Kreis aufgenommen. Mainz und Rheinhessen vertreten Deutschland und den deutschen Wein damit exklusiv. Zahlreiche Weinfeste und Veranstaltungen locken zum Probieren der guten Tropfen, die im Stadtgebiet sowie in Rheinhessen wachsen. Besonders beliebt ist auch das in der wärmeren Jahreszeit an den Marktsamstagen stattfindende Marktfrühstück.

Im Rahmen des 1. Mainzer Wein-Walks mit der Autorin dieses Buches erleben Sie Mainz als Weinstadt und besuchen bei einer abendlichen Führung unterschiedliche Wein-Locations, in denen Sie Wein inklusive passendem Gaumenkitzel verkosten können (Buchung: www.best-of-mainz.com).

Die Autorin

Stefanie Jung ist in Mainz geboren und aufgewachsen. Als Autorin und Fotografin mehrerer Kulturführer über Mainz und Rheinhessen kennt sie Stadt und Land wie ihre Westentasche. Unter dem Motto „Mainz mal anders" bietet sie auf Basis der Recherchen zu ihren Büchern seit einiger Zeit originelle Stadtrundgänge durch die Landeshauptstadt an.

Die Touren können zu öffentlichen Terminen online auf ihrer Webseite gebucht und als Gutschein auch verschenkt werden. Individuelle Anfragen für Gruppe nimmt die Autorin gerne entgegen.

Ihre aktuellen Buchveröffentlichungen: „Best of Mainz – Die Stadt entdecken", „Mainz zu Fuß: Die schönsten Sehenswürdigkeiten zu Fuß" (Societäts-Verlag, Frankfurt), „Jeden Tag ein Stückchen Heimat – Mainz 2017", „111 Orte in Mainz, die man gesehen haben muss", „111 Orte in Rheinhessen, die man gesehen haben muss" (Emons-Verlag, Köln), „Rheinhessen für Entdecker: 55 Touren zum Wandern und Radeln; Erleben, Genießen und Erforschen" (Leinpfad-Verlag, Ingelheim).

Mehr Informationen: www.best-of-mainz.com

PERSÖNLICHE NOTIZEN

ERHÄLTLICH IM BUCHHANDEL ODER AUF WWW.SOCIETAETS-VERLAG.DE

Monika Spatz
Aschaffenburg zu Fuß
140 Seiten, Broschur
ISBN 978-3-95542-197-7, € 12,80

Ruxandra-Maria Jotzu
Bad Homburg zu Fuß
160 Seiten, Broschur
ISBN 978-3-95542-045-1, € 12,80

Michael Kibler
Darmstadt zu Fuß
144 Seiten, Broschur
ISBN 978-3-95542-117-5, € 12,80

Müller-Urban/Urban
Frankfurt zu Fuß
180 Seiten, Broschur
ISBN 978-3-95542-267-7, € 12,80

Klaus H. Orth
Fulda zu Fuß
176 Seiten, Broschur
ISBN 978-3-95542-103-8, € 12,80

Susanne Fiek
Heidelberg zu Fuß
176 Seiten, Broschur
ISBN 978-3-95542-092-5, € 12,80

Ortweil/Panetta-Möller
Kassel zu Fuß
140 Seiten, Broschur
ISBN 978-3-942921-52-7, € 12,80

Eckhard Heck
Köln zu Fuß
200 Seiten, Broschur
ISBN 978-3-95542-153-3, € 12,80

ERHÄLTLICH IM BUCHHANDEL ODER AUF WWW.SOCIETAETS-VERLAG.DE

ERHÄLTLICH IM BUCHHANDEL ODER AUF WWW.SOCIETAETS-VERLAG.DE

Uwe Geese
Marburg zu Fuß
128 Seiten, Broschur
ISBN 978-3-95542-046-8, € 12,80

Brucker/Horsmann
München zu Fuß
220 Seiten, Broschur
ISBN 978-3-95542-224-0, € 12,80

Müller-Urban/Urban
Nürnberg zu Fuß
200 Seiten, Broschur
ISBN 978-3-95542-104-5, € 12,80

Ingrid Walter
Offenbach zu Fuß
176 Seiten, Broschur
ISBN 978-3-95542-102-1, € 12,80

Thomas Schnakenberg
Regensburg zu Fuß
128 Seiten, Broschur
ISBN 978-3-942921-31-2, € 12,80

Tobias Roth
Wiesbaden zu Fuß
140 Seiten, Broschur
ISBN 978-3-95542-231-8, € 12,80

Joachim Fildhaut
Würzburg zu Fuß
136 Seiten, Broschur
ISBN 978-3-95542-015-4, € 12,80

ERHÄLTLICH IM BUCHHANDEL ODER AUF WWW.SOCIETAETS-VERLAG.DE

STEFANIE JUNG

BEST OF
MAINZ

DIE STADT ENTDECKEN 2017/2018

SOCIETÄTS
VERLAG

ERHÄLTLICH IM BUCHHANDEL ODER AUF WWW.SOCIETAETS-VERLAG.DE

Stefanie Jung

Best of Mainz

Mainz hat viel zu bieten: Hier gibt es gute Restaurants, originelle Cafés und Geschäfte und eine Menge Kultur. Die zweite, überarbeitete Auflage von „Best of Mainz" ermöglicht es wieder, genau die Orte zu entdecken und Dinge zu erleben, die das spezielle Flair der Stadt ausmachen!

Stefanie Jung fasst die besten Tipps zu den Themen Genuss, Ausgehen, Einkaufen, Kultur und Freizeit zusammen und bietet darüber hinaus auch noch jede Menge Wissenswertes. Hier finden Sie angesagte Highlights und verschwiegene Geheimtipps. Nicht alles und nicht jedes, sondern nur das wirklich Authentische und Besondere. Eben all das, was Mainz (er-)lebenswert macht. Mit „Best of Mainz" behalten Sie den Überblick.

260 Seiten, Klappenbroschur, ISBN 978-3-95542-265-3, 12,80 Euro

HARTMUT HEINEMANN
SONJA MORAWIETZ

BEST OF
WIESBADEN
DIE STADT ENTDECKEN

SOCIETÄTS
VERLAG

ERHÄLTLICH IM BUCHHANDEL ODER AUF WWW.SOCIETAETS-VERLAG.DE

Hartmut Heinemann, Sonja Morawietz

Best of Wiesbaden

Wiesbaden – einst als „Nizza des Nordens" und „Weltkurstadt" tituliert, ist mit den mondänen Grand Hotels, heißen Quellen und Kurbädern, prächtigen historischen Gebäuden und der Spielbank seit jeher Anziehungspunkt für ein illustres Publikum. Dostojewski hat sich hier um Kopf und Kragen gespielt, Goethe, Jawlensky und andere haben Spuren hinterlassen. Lebensgenuss wurde und wird hier besonders großgeschrieben. Doch das einstige Image der ‚Pensionärsidylle' ist Vergangenheit: Heute trifft man allenthalben auf junge, dynamische Querdenker, die das neue Flair mit einer bunten kreativen Szene – kleine und große Überraschungen inklusive – bereichern.

„Best of Wiesbaden" führt abseits der ausgetretenen Touristenpfade zu den besten und originellsten Adressen aus den Bereichen Übernachten, Gastronomie, Shopping, Freizeit und Kultur und verwöhnt mit kulinarischen Entdeckungen, besonderen Shopping-Erlebnissen und kulturellen Häppchen – alles gemäß dem Motto: schmecken, erleben und wohlfühlen!

200 Seiten, Klappenbroschur, ISBN 978-3-95542-244-8, 12,80 Euro

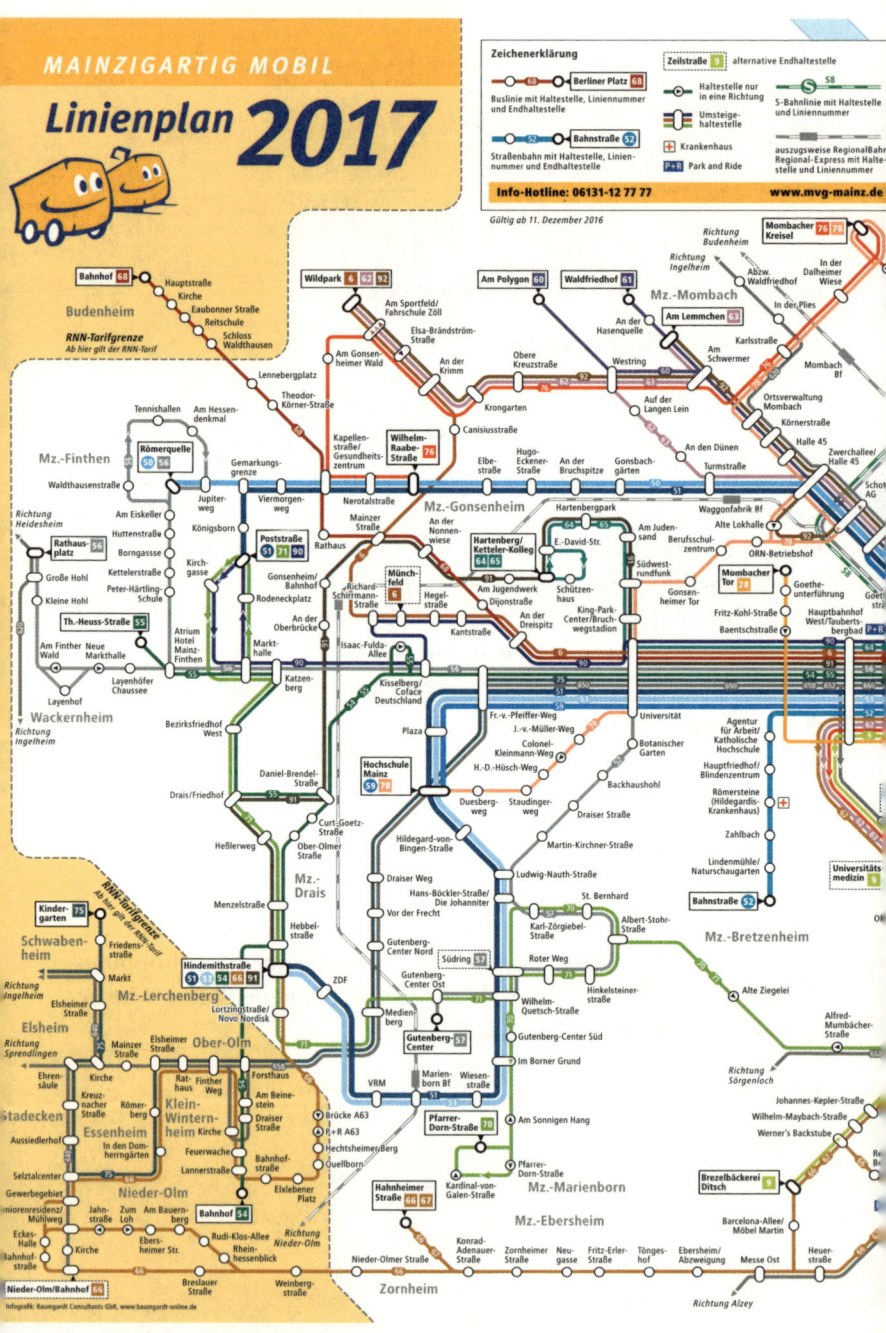